汉 语 知 识 丛 书

上 古 音

何九盈

商務印書館
创于1897 The Commercial Press

图书在版编目(CIP)数据

上古音/何九盈著. —北京:商务印书馆,1991.11
(2023.1 重印)
(汉语知识丛书)
ISBN 978-7-100-00072-7

Ⅰ. ①上… Ⅱ. ①何… Ⅲ. ①汉语—上古音 Ⅳ.
①H111

中国版本图书馆 CIP 数据核字(2000)第 39245 号

汉语知识丛书
SHÀNG GǓ YĪN
上 古 音
何 九 盈

商 务 印 书 馆 出 版
(北京王府井大街36号 邮政编码100710)
商 务 印 书 馆 发 行
北京虎彩文化传播有限公司印刷
ISBN 978-7-100-00072-7

1991 年 11 月第 1 版　　开本 787×1092 1/32
2023 年 1 月北京第 4 次印刷　　印张 3⅝
定价:25.00 元

前　　记

这本小册子的写作原则是：与其标新立异，不如采取一个比较公允而又有相当影响的体系；与其大谈原理，不如尽量注重它的实用性。

商务印书馆的责任编辑许振生同志仔细审阅了全稿，深表感谢。

何　九　盈

1986 年 8 月于北京西郊中关园

目　录

一、上古音研究简述 …… 1
二、上古韵母系统 …… 27
三、上古声母系统 …… 62
四、上古声调系统 …… 76
五、余论 …… 81
二校后记(复辅音问题) …… 93
参考文献 …… 109

一、上古音研究简述

这里所说的上古音是指《诗经》时代到《楚辞》时代的语音系统，也就是从周朝到秦王朝统一中国之前的语音系统。

西周之前，属于远古汉语时期，那时候的语音情况如何，不在本书的讨论范围之内；两汉的语音系统也可以归到上古时期，但与《诗经》、《楚辞》的语音系统相比，已发生了某些明显的变化，因此，两汉时期的语音系统也不在本书的讨论范围之内。

根据文献材料来看，关于上古音的研究已经有七百多年的历史了。最早把上古音作为专题来进行研究的是南宋的吴棫。在吴棫之前，六朝人已经模模糊糊地认识到先秦古音与当时的实际语音有些不一致了。但六朝时候还没有古音学专著，不过，他们所提出的某些观点对吴棫的古音学却产生过很大的作用。这些观点包括叶音说和“古人韵缓”这两条。

叶音说就是临时改变字的读音。《经典释文·毛诗音义》中保存了不少叶音资料。如：

> 《诗经·鄘风·载驰》：“载驰载驱，归唁卫侯。驱马悠悠，言至于漕。大夫跋涉，我心则忧。”

陆德明在“驱”字下注云：“字亦作驱，如字。叶韵，亦音丘。”

“驱”、“侯”在上古属同一韵部。可是，在陆德明那个时代，“驱”已归到虞韵，与“侯”不同韵，读起来就不顺口了，所以陆德明要把“驱”字改为“音丘”，因“丘”是尤韵字，“尤”、“侯”两韵可通用，读起来也就顺口了。当时的人把这种改变字音的方法叫作“协韵”，或称之为“协句”，其实就是叶音。

所谓“古人韵缓”是怎么回事呢？就是在同一首诗中“杂用众韵”。这也是后人的看法，并不是原诗果真用了不同韵部的字来押韵。如：

《诗经·邶风·燕燕》："燕燕于飞，下上其音。之子于归，远送于南。瞻望弗及，实劳我心。"

“音”、“南”、“心”在上古音中本是同一个韵部的字，并非“杂用众韵”。但在陆德明那个时代，这三个字已分归两个韵部，“南”归覃韵，“音”、“心”归侵韵，它们的主要元音已经不一样了，读起来也就不那么顺口了。陆德明认为这是由于古人用韵不严，合用了“侵”、“覃”两韵的字，这就是他所谓的“古人韵缓”（见《毛诗音义》“于南”注）。

六朝人谈“协韵”，只是一些零散的看法，他们讲“韵缓”也只是偶然提及。到了南宋，吴棫在这两方面都有充分的发展，他的古音学基本上是按这两条原则建立起来的。

吴棫，字才老，福建建安人，宣和六年（公元 1124）进士，卒于绍兴二十五年（公元 1155）之前。他的古音学著作有《诗补音》、《楚辞释音》以及《韵补》。前两书已失传。

根据南宋时期的有关记载来考察，《诗补音》无疑是一部系统地讲叶音的著作。

吴棫的友人徐蒇在《韵补》序言中说：“自《补音》之书成，然后三百篇始得为诗，从而考古铭箴诵歌谣谚之类，莫不字顺音叶。”

项安世《项氏家说·诗音》:“吴氏《诗补音》,学者多疑之,但据陆氏《释文》,谓古人韵广,遂不究吴氏之说,然《释文》中称协韵处亦不为少,则虽陆氏固不敢自信其韵广之说也。”

陈振孙在《直斋书录解题》里说:《毛诗补音》,“其说以为诗韵无不叶者,如‘来’之为‘釐’,‘庆’之为‘羌’,‘马’之为‘姥’之类。诗音旧有九家,唐陆德明始定为《释文》。……今之所作,大略仿此。其援据精博,信而有证。朱晦翁注《楚辞》,亦用棫例,皆叶其韵。”

比吴棫略晚些的袁文,在《甕牖闲评》中引了《诗补音》的几条材料,有助于我们了解《诗补音》的面貌:

> 《诗补音》引《三略》:“使怨治怨,是谓逆天。使雠治雠,其祸不救。”又引《周武王盘铭》:“与其溺于人,宁溺于渊。溺于渊,尚可游也;溺于人,不可救也”是矣。(这条材料是证明“救”字可音居尤切,读平声。)
>
> 《诗》中用“仪”字极多。《补音》云“‘仪’有牛河切,合音莪字”,是也。今观《尉卿衡方碑》云:“感昔人之《凯风》,悼《蓼仪》之劬劳。”此“仪”字本是“莪”字,今竟作“仪”字,然后益知古“仪”字皆可作“莪”字用,《补音》之言,信不诬矣。
>
> 《诗补音》“明”字有谟郎切,如《鸡鸣》之诗“东方未明,颠倒衣裳”是也。
>
> 《诗补音》云:“马字有某音,满补切。”引《左氏传》辛廖之占曰“震为土,车从马”为证。……“野字有竖音,上与切。”引《左氏传》童谣云:“鸜鹆之羽,公在外野”为证。

（《甕牖闲评》卷一）

《福建通志》卷七十六载有《诗补音》序言的片断："诗音旧有九家，唐陆德明以己见定为一家之学，《释文》是也。所补之音，皆陆氏未叶者；已叶者悉从陆氏。"（转引自《问学集》214 页）

这些材料都证明，《诗补音》是仿照陆德明的《释文》大讲叶音的，"以为诗韵无不叶者"，以致王明清在《挥麈录》中将《诗补音》径称为《毛诗叶韵》（260 页）。

与《释文》不同的是，吴棫讲叶韵时还引用了不少证据，这些证据有《诗经》本身的，"如'服'之为房六切，其见于《诗》者凡十有六，皆当为蒲北切，而无与房六叶者，'友'之为云九切，其见于《诗》者凡十有一，皆当作羽轨切，而无与云九叶者。"（徐蒇《韵补序》）另一类证据是《诗经》以外的材料。徐蒇说："《补音》引证初甚博，才老惧其繁重，不能行远，于是稍削去，独于最古者、中古者、近古者，各存三二条，其间或略远而举近，非有所不知也。"他的证据包括"最古"、"中古"、"近古"三个时期，这就不能不使"学者多疑之"，当时就有人指出："《补音》所据，多出于《诗》后，殆后人因《诗》以为韵，不当以是韵《诗》也。"（徐蒇《韵补序》）不当拿《诗》以后的材料来"韵《诗》"，也就是不当以今音来律古音，这个批评是极为中肯的，但徐蒇斥之为"腐儒之言"，这说明他和吴棫一样，都还不懂得"时有古今"、"音有转移"的道理。

吴棫把这部关于毛诗协韵的著作定名为《诗补音》，这个"补"字就道出了它和《释文》的关系，其目的就在于"补"《释文》叶音之不备、不足，进一步用南宋时代的今音来求得《诗》韵的和谐。吴棫还有一部古韵学著作叫作《韵补》。《韵补》就是“补”《集韵》诸书之不足的。在这部著作中，他明确提出了“古韵”这个概念，他对“古韵”的理解当然还相当宽泛。他认为“古韵至晋尚多知者，自宋齐而下浸以湮灭。”（《韵补·书目》注）《韵补》引书凡五十种，而晋以前的著作占三十七种。既然古韵“自宋齐而下浸以湮灭”，为什么《韵补》还要引用宋齐以后的韵文作为“古韵”的证据呢？吴棫认为这些著作中，有的“间用古韵”，如江淹的著作和姚铉所编的《文粹》；有的“多用古韵”，如欧阳修的著作。

《韵补》因为带有“补”的性质，所以吴棫给这本韵书规定的收字原则是：

> 其用韵已见《集韵》诸书者，皆不载；虽见韵书而训义不同，或诸书当作此读而注释未收者，载之。（《韵补·书目》）

拿上平声一东韵为例，《韵补》共收58个字：

〇江杠〇控〇禽〇登栋〇橦幢调洞恸唐〇徵〇宠〇撞〇邦崩〇分方〇朋凴冯〇房〇厖務甍夢〇尊〇窗牎〇纵〇诵讼颂〇心〇彰〇童〇谗〇双〇深〇乘绳〇膺应阴廱壅〇饔〇薨〇兴〇降洚弘〇湛〇用〇垄〇临〇陵

这58个字绝大部分不见于《集韵》的一东，《集韵》一东的字也很少出现在这58字之中。这是因为吴棫认为《集韵》一东的字绝大部分跟古韵是一致的，所以“皆不载”，他所载的这58个字就是从字音或字义这两方面补《集韵》之不足的。因此，《韵补》虽然谈的是“古韵”，却仍然用的是206韵的框架。

但吴棫并不认为古韵也一定就是206韵，他进一步发展了陆德明的“古人韵缓”的主张，提出了“古通”和“古转声通”

这两条原则。所谓“古通”就是古韵中某两个或两个以上的韵部可以通为一部，如二冬、三钟“古通东”；所谓“转声通”就是“改此之声以就彼之韵”，如“皆”《集韵》作居谐切，《韵补》改为坚奚切，这就是“古转声通支”，“佳”《集韵》作居膎切，《韵补》改为坚奚切，“古转声通支”。“转声通”的本质是改音以叶韵。

平声中注明为“古转声通”的有下面这些韵：4 江或转入东，13 佳、14 皆、16 咍古转声通支，20 文、22 元、23 魂古转声通真，25 寒、26 桓、27 删、28 山古转声通先，下平声 9 麻古转声通歌，12 庚、13 耕、14 清或转入阳。

平声中的“古通”韵有：

1. 冬钟古通东
2. 江唐古通阳
3. 脂之微齐灰古通支
4. 虞模古通鱼
5. 庚耕清谆臻殷痕青蒸登侵古通真
6. 仙盐沾严凡覃谈咸衔古通先
7. 宵肴豪古通萧
8. 戈古通歌
9. 侯幽古通尤

这样一归纳，吴棫的上古韵就是九个韵部了。但由于这些韵部是建立在叶音说的基础之上的，无论是分韵还是归字，大都与古音系统相抵触。就阳声韵而言，他连-m、-n、-ŋ 三个大界限都打通了，如第五部通真韵的有-ŋ 尾的庚耕清青蒸登等韵，又有-m 尾的侵韵，第六部也是-m、-n 混而为一。在归字方面，不仅阳声韵三大界限混乱，连阴阳两大界限也没有顾及，如一东有“分”、“尊”、“心”、“临”等字，还收了一个“调”字。应该说这个韵部系统是不科学的，其原因就在于这个系统完全是按叶音的原则建立起来的。

吴棫所建立的韵部系统既然是不科学的，为什么我们还要肯定他在古音学方面有开创之功呢？这是因为：

1. 吴棫明确提出了“古韵”这个概念，而且把古韵作为专门研究对象，进行了有意义的探索。

2. 他把魏晋以前的韵文资料汇集起来，对《诗经》和《楚辞》的用韵进行了专门研究，尽管由于方法错误，只考虑到协句、协韵，完全不顾及语音的系统性，而且使用材料时失于断限，但从原始韵文中去归纳古韵，这个路子对后之来者是有启迪作用的。

3. 尤为重要的，是徐蒇在《韵补》序言中所说的这段话：

> 殊不知音韵之正，本诸字之谐声，有不可易者。如“霾”为亡皆切，而当为陵之切者，由其以“貍”得声，“浼”为每罪切，而当为美辨切者，由其以“免”得声，“有”为云九切，而“贿”、“痏”、“洧”、“鲔”皆以“有”得声，则当为羽轨切矣，“皮”为蒲縻切，而“波”、“坡”、“颇”、“跛”皆以“皮”得声，则当为蒲禾切矣。

这段话虽说是徐蒇讲的，但表述的是吴棫的观点。吴棫在实际上已注意了运用《说文》中的谐声材料。如他把“皮”字归在歌部，并引《说文》证明“波”、“坡”、“颇”、“跛”皆以皮得声，“皆婆音”，说明这些同一声符的字都应归入歌部。

吴棫以后，宋代研究古音的还有程迥、郑庠、项安世等人。程迥的《音式》、郑庠的《古音辨》都已失传，其详细内容已不可得而知。我们只知道郑庠把古韵分为六部，六部中有三个阴声韵，三个阳声韵，阳声韵的-m、-n、-ŋ各自为部，界限很清楚，比之吴棫的韵部显然有进步，但这个韵部系统只是把《广韵》相邻近的韵加以合并，仍然不能反映上古韵部的真实面貌。

项安世并无古音学专著问世，但保存在《项氏家说》中的“诗音”和“诗音类例”这两条材料却提出了一些很有价值的观点：

1. 他批评了陆德明的“古人韵缓”说，明确指出古韵就是“与今韵不同”。他说：

> 且杂用众韵，谓之韵广（缓）可也，今止用一韵，但与今韵不同，安得便以为广？凡《诗》中“东”字皆协蒸字韵，“南”字皆协侵字韵，“下”字“马”字皆协补字韵，“母”字“有”字皆协止字韵，“英”字“明”字皆协唐字韵，“华”字皆协模字韵，“为”字皆协戈字韵，“服”字皆协德字韵，“天”字皆协真字韵。其所通韵，皆有定音，非泛然杂用而无别者。于此可见古人呼字，其声之高下与今不同。

项安世虽然还是没有抛弃“协韵”的观点，但他所说的“协韵”并非临时改变音读，而是字有“定音”，这种“定音”是古音，“与今不同”。

2. 他提出了古“本声”的观点，提出了运用方言和谐声资料探求古音的方法。他说：

> 又有一字而两呼者，古人本皆兼用之，后世小学，字既皆定为一声，则古之声韵遂失其传，而天下之言字者，于是不复知有本声矣。虽然，求之方俗之故言，参之制字

之初声，尚可考也。如“乌”谓之“鸦”，“姑”谓之“家”，“潭”之字为“沈”，“庵”之字为“阴”，“明都”之“明”为“望”，“不羹”之“羹”为“郎”，甄官之后音真，陈常之后为田，“菔”之为“葡”，“馮”之为“憑”，凡此皆方俗之故言也，而考之于《诗》而合焉。

“痏”、“洧”从有而音伟，“宄”、“轨”从九而音鬼，“婪”、“惏”皆从林声而读如蓝，“鱏”、“镡”皆从覃声而读如寻，“英”之声从央，“盲”之声从亡，“颠”“填”之声从真，“福”“辐”之声从畐，为“孤”、“苽”者瓜声，为“波”“颇”者皮声，凡此皆制字之初声也，而考之于《诗》而又合焉。夫字之本声，不出于方俗之言，则出于制字者之说，舍是二者，无所得声矣。今参之二者以读圣经，既无不合矣，而世之儒生，独以今《礼部韵略》不许通用，而遂以为诗人用韵皆泛滥无准，而不信其为自然之本声也，不亦陋乎！

项安世所说的“一字两呼”，是指一个字有读书音和方音的不同，古代的“本声”还保存在方言中或保存在“制字之初声”（即谐声）中，如“乌”古读“鸦”，“英”古读“央”，都是古“本声”。项安世说的古本声不一定都正确，但运用方言和谐声资料以探求古音的方法却是完全正确的。不过，项氏的说法有一个很明显的错误，就是认为一字两呼，“古人本皆兼用之”。如“乌”和“鸦”这两个音并存于上古，只是由于小学家肯定了“乌”声，致使“鸦”声失其传。他不知道“乌”声是由“鸦”声演变而来，它们并非共时的关系，而是历时的关系，可见他的古本声与今韵不同的理论还是不彻底的。

3. 项安世的“诗音类例”也很值得重视，所谓“类例”实际上具有韵脚系联的性质。如：

> 采苓采苓，首阳之巅，人之为言，苟亦无信。此青字、先字、真字三韵之聚为一者也。

按："苓"是青韵，"巅"是先韵，"信"是真（去）韵，项安世认为这三个字在《诗经》中"聚为一"韵，这是对的，这三个字在古韵中都是真部字。又如：

> 鼓瑟鼓琴，笙磬同音，以雅以南，以籥不僭。此侵字、覃字、盐字三韵聚而为一者也。

按："琴"、"音"都是侵韵字，"南"是覃韵字，"僭"是盐（去，平水韵）韵字，项氏认为这三个字在《诗经》中"聚而为一"韵，这个意见也是对的，这三个字在古韵中都是侵部字。

项安世一共列举了十四例。他认为"通乎此十四例，则凡三百六篇之音，皆可以类推矣"。

遗憾的是项安世只对少数诗章的韵脚进行了类聚，如果把这种"聚而为一"的工作扩大到全《诗》，他就不难搞出一个古韵部系统来了。

古音学发展到明代，有一个重大的突破，就是焦竑、陈第对叶音说进行了彻底批判。从此以后，古韵研究进入了一个新的历史阶段。在焦、陈之前，明代另一位学者杨慎已对吴棫的叶音有所批评，但杨慎研究古音的方法与吴棫并无本质上的不同。

杨慎，字用修，明代四川新都人，正德六年（1511 年）状元。在古音学方面，著有《转注古音略》（1532 年）、《古音丛目》（1535 年）、《古音猎要》（1535 年）、《古音略例》、《古音余》、《古音附录》等。

杨慎在《答李仁夫论转注书》中说过这样的话："故予作《古音略》，宋人之叶音咸无取焉。"据此，本世纪三十年代初四川的杨崇焕就断言："（杨慎）诚大破音韵学之藩篱，于古音学之成立，实为首功也。厥后（陈）第谓古无叶音，《诗》之韵即是当时本音，乃从公说。"

这是典型的断章取义。不取"宋人之叶音"，不等于从根本上反对叶音。事实上，杨慎的几本古音学著作都是讲叶音的。他所说的"转注"也就是叶音。他说："毛诗、楚辞悉谓之叶韵，其实不越保氏转注之义耳。""谓叶韵自叶韵，转注自转注，是犹知二五而不知十也。"

那么，杨慎于"宋人之叶音咸无取焉"的本意何在呢？这是他认为吴棫搞的叶音太宽泛了。这种分歧的实质是一些具体的字究竟应算作叶音呢，还是应看作是"古人韵缓"呢？例如：

《邶风·凯风》："棘心夭夭，母氏劬劳。"吴棫改"劳"音僚。

《邶风·泉水》："我思肥泉，兹之永歎。"吴棫改"歎"为他涓切。

《邶风·北门》："出自北门，忧心殷殷。"吴棫改"门"为眉贫切。

《卫风·硕人》："四牡有骄，朱幩镳镳。"吴棫改"骄"音高。

杨慎说："今案上四条如字读自可叶，才老必欲改之者，以'劳'在豪韵，'夭'在萧韵，故改'劳'为'僚'，以就'夭'也。'泉'在先韵，'歎'在删韵，故改'歎'为他涓切，以就'泉'也。'门'、'殷'、'骄'、'儦'之改音，意亦如此。才老《诗》中所叶，如'扬且之颜'（鄘风·君子偕老）为鱼坚切，'鹑之奔奔'（鄘风·鹑之奔奔）为逋珉切，凡百余字，聊举四条以例其余，皆改古韵以趁沈约之韵也。不思古韵宽缓，如字读自可叶，何必劳唇齿费简册哉！……《诗》、《楚辞》，音韵之祖也，反以沈约韵而改《诗》、《楚辞》以合之，谬也久矣！欲一旦正之，宜乎蜀日越雪之吠也。”（《古音略例》）

从杨慎的批评可以知道，吴棫的《诗补音》讲了一百余字的叶音，“皆改古韵以趁沈约之韵”。杨慎认为这是“谬也”，这个批评是正确的。但杨慎所谓的“古韵宽缓，如字读自可叶”，也是不正确的。他所说的“如字读”是按明代的口音来读，并非指先秦古音，而且把古代本来是同韵相押的字当作“韵缓”来处理，这说明他对古韵的看法还是很模糊的。

《四库全书总目》认为：古音学的“开除先路”，陈第“实为首功”。陈第在古音学方面有哪些贡献呢？

陈第（1540—1617），字季立，福建连江人。著有《毛诗古音考》、《读诗拙言》、《屈宋古音义》。

陈第在古音学方面的第一个贡献就是彻底否定叶音说，提出了“音随世变”的理论。与陈第同时的焦竑也明确主张“古诗无叶音”。他说：“诗必有韵，夫人而知之，至以今韵读古诗，有不合辄归之于叶，习而不察，所从来久矣。吴才老、杨用修著书始一及之，犹未断言尽以为古韵也。余少读《诗》，每深疑之。迨见卷轴寖多，彼此互证，因知古韵自与今异，而以为叶者，谬耳。”（《毛诗古音考序》）陈第称赞焦竑的“古诗无叶音”说为“千古笃论”，“此前人未道语也”。

陈第认为叶音说的产生，是由于持此说者缺乏时地观念。他说：“同乎我者谓声之谐，异乎我者谓韵之叶，以一地概四方，以一时概千古”（《读诗拙言》），“以今之读为正，而以古之

正为叶也”(同上)。陈第指出:“一郡之内,声有不同,系乎地者也,百年之中,语有递转,系乎时者也。”(同上)

陈第在少年时代随父学习《诗经》时,已受到这样的教诲:“叶音之说,吾终不信。以近世律绝之诗,叶者且寡,乃举三百篇尽谓之叶,岂理也哉!然所从来远,未易遽明尔。竖子他日有悟,毋忘吾所欲论著矣。”(《屈宋古音义·跋》)陈第在晚年写了《毛诗古音考》,书中处处都批判叶音说,实现了他父亲“所欲论著”的愿望。

陈第在古音学方面的第二个贡献,是摆脱今韵框架,用直音法逐个考证了《诗经》、《楚辞》韵字的上古音值。今韵框架的摆脱,肇离析今韵之端;上古音值的考证,为建立古韵部打下了基础。

吴棫、杨慎都研究过《诗经》、《楚辞》韵字的读音,“然察其意,尚依违于叶音可否之间,又未尝会萃秦汉之先,究极上古必然之韵,故其稽援虽博,终未能顿革旧习,而《诗》、《易》、辞、赋卒不可读如故也。”(《屈宋古音义·跋》)焦竑也说:“近世吴才老、杨用修始以此为急,而未尝合《诗》、《骚》、古赋参读之,犹溺于近世叶音之说。”(《题屈宋古音义》)

陈第吸取了吴杨的教训,把目光聚集到《毛诗》、《楚辞》的韵字上,把古音值的考证严格限制在这个范围之内,这就等于确定了古音学的范围。我们今天应当怎样看待陈第所考定的古音值呢?我们是否也确信,在《诗经》时代,“母”真的读“米”,“马”就是读“姥”呢?我们知道,陈第考证出来的古音值并不可信。他自认为他考证出来的音值是“合于古而异于今”的,实际上他是以今律古,是用自己的福建话来理解上古音的。清人柴绍炳批评他“生产闽中，读音不正，如‘南’叶‘心’，而云音‘宁’；‘天’叶‘人’，而云音‘汀’之类，俱吐属讹谬，未足谐声。”（《柴氏古韵通》）在陈第的口语中，-m 已经消失，-n 又混同于-ŋ，故有此“讹谬”。

我们认为，陈第考证古音值的意义不在于这些音值本身，而在于根据这些音值可以推断出陈第的古音类。因为既然每一个字都有了具体的音值，把相同音值的字归纳起来就成了音类，就成了一个一个的韵部，这种韵部虽不能说是真正意义上的古韵部，但与今韵的框架也大不相同，它的一个韵部中包括了今韵不同韵部的字，这就启发后人用离析今韵的方法重建上古韵部，从而结束了简单地合并今韵以建古韵部的方法。可惜，在实际上陈第并没有进一步分出韵类，也没有考虑到中古韵与上古韵部的分合关系。古韵分部的任务是由顾炎武来实现的。

陈第在古音学方面的第三个贡献，是言必有据，字字有考，为清代古音学中的考古派导夫先路。

叶音派给一个字定音往往是不出示证据的，如朱熹在《诗集传》给“母”字定了五个音：莫后反，满补反，满彼反，满洧反，满委反。为什么会有这五个不同的音，根据何在，朱熹并没有证明。吴棫、杨慎在取证方面花了不少功夫，但都博而不精，“庞杂割裂”。陈第创立本证与旁证的方法，以《诗》证《诗》，以屈宋证屈宋，这是本证。清代毛先舒说：“《毛诗》音通，古韵半功；《楚辞》上口，韵学什九。”（《声韵丛说》，见《昭代丛书》）陈第以《诗经》、《楚辞》为本证，是非常正确的。旁证部分有先秦时代的韵文，也有汉魏六朝的材料，有的旁证还引用了韩愈的韵文为证，时代界限不如“本证”严格。

陈第也很注意《说文》中的谐声资料，他说：“愚考《说文》：‘讼’以‘公’得声，‘福’以‘偪’得声，‘霾’以‘貍’、‘斯’以‘其’、‘脱’以‘兑’、‘節’以‘即’、‘溱臻’皆‘秦’、‘阗填’皆‘真’，……‘我’读‘俄’也，故‘義’有‘俄’音，而‘儀、議’因之得声矣……凡此皆《毛诗》音也。……《说文》之音多与时违，几为沟中之断矣，愚独取之以读《诗》，岂偶也哉！岂偶也哉！”（《读诗拙言》）

清代是古音学大发展的时期。从顾炎武到江永，从江永到戴震、段玉裁、王念孙，再到江有诰，经过几代人的努力，古韵部的研究基本上已成定局。

顾炎武（1613—1682），字宁人，号亭林。著有《音学五书》。

顾氏分古韵为十部：

东冬钟江第一

脂之微齐佳皆灰咍第二

鱼虞模侯第三

真谆臻文殷元魂痕寒桓删山先仙第四

萧宵肴豪幽第五

歌戈第六

阳唐第七

耕清青第八

蒸登第九

侵覃谈盐添咸衔严凡第十

这十个部并不是把《广韵》的韵部简单地加以归并，而是根据具体情况对今韵进行离析的结果①。如支韵一分为二：支萎祇提兒疵訾卑斯雌知篪危衰等字归第二部；移蛇为麾倭縻堕垂吹披陂亏奇羲宜皮离差池规等字归第六部。

尤韵一分为二：尤邮牛丘龟不裘仇谋等字归第二部；优流秋犹悠油游酋修抽周州舟雠柔收鸠愁休囚俦调求浮眸矛等字归第五部。

麻韵一分为二：车奢邪遮华瓜夸拏家遐霞鸦巴牙荼涂查归第三部；麻嗟嘉加沙等字归第六部。

庚韵一分为二：庚更盲横蝗觥彭亨枪英京明盟兵兄卿迎行衡等字归第七部；平鸣生等字归第八部。

除了整个韵部的离析之外，个别字的归部也根据实际情况进行了离析。如第七部收入映韵庆字，收入耕韵萌氓甿等字。第九部收入东韵弓雄熊等字。第十部收入东韵风枫二字。

顾氏的离析今韵，对于上古韵部的建立具有重大意义。他建立的这十个部虽然不够完善，但已经奠定了基础，其中的六、七、八、九部得到后代古音学家的肯定，其余各部也只是进一步离析而已。

顾氏之后，戴段王之前，在古音学方面取得成就的有江永。江永(1681—1762)，字慎修。著有《古韵标准》。

江永分古韵为十三部。与顾炎武不同的地方是：顾氏的第四、第五、第十部，江永都离析为二。

顾氏的第四部包括真谆等十四个韵。江永说："自十七真至下平二仙，凡十四韵，说者皆云相通，愚独以为不然。真谆

① "今韵"指《广韵》，清人也叫《唐韵》。

臻文殷与魂痕为一类，口敛而声细；元寒桓删山与仙为一类，口侈而声大；而先韵者界乎两类之间，一半从真谆，一半从元寒者也。《诗》中用韵，本截然不紊，读者自紊之耳。”

顾氏的第五部包括萧幽等五韵。江永说：“案此部（指江永的第五部，即宵部。）为萧肴豪之正音，古今皆同；又有别出一支与十八尤、二十幽韵者，乃古音之异于今音，宜入第十一部（江永的第十一部即幽部），本不与此部通，后世音变，始合为一。顾氏总为一部，愚谓不然。此部之音口开而声大，十一部之音口弇而声细，《诗》所用画然分明。”

顾氏的第十部包括侵覃等九韵。江永说：“二十一侵至二十九凡九韵，词家谓之闭口音，顾氏合为一部。愚谓此九韵与真至仙十四韵相似，当以音之侈弇分为两部，神珙等韵分深摄为内转、咸摄为外转是也。”

顾氏的第三部，包括鱼虞模侯四个韵及麻之半，江永的第三部只包括鱼模和麻之半，虞韵一分为二：“凡从吴、从无、从巫、从于、从瞿、从夫、从雩、从夸、从具、从奭者，皆通鱼模，其从禺、从刍、从句、从区、从需、从须、从朱、从殳、从俞、从臾、从娄、从付、从咅、从孚、从取、从厨、从求者，皆通侯尤。”虞韵一部归鱼模，一部归侯尤。侯韵从第三部分出来，归到了第十一部，所以江韵的第十一部，包括侯幽两韵以及尤、虞、萧、宵、肴、豪的部分字。

江永分部，很重视语音的系统性，他分出的三个韵部都是以弇侈对立作为依据的。所谓“弇”，就是发音时开口度小；所谓“侈”就是发音时开口度较大。根据弇侈对立的原则区分韵部，这是江永在古音研究方面的一大贡献。

段玉裁(1735—1815),字若膺,一字茂堂。著有《六书音均表》,分古韵为十七部,比江永多分出四个韵部。

1. 支脂之分为三部:支部以支佳为主,脂部以脂微齐皆灰为主,之部以之咍为主。

2. 分真文为二:真部以真臻为主,文部以谆文欣魂痕为主。

3. 幽侯分为二:幽部以尤幽为主,侯部独立。

段玉裁又根据古合韵的情况,确定十七部次序的先后。他说:"凡三百篇及三代秦汉之音,研求其所合,又因所合之多寡远近及异平同入之处而得其次第,此十七部先后所由定也。"十七部又分为六类,"同类为近,异类为远,非同类而次第相附为近,次第相隔为远。"六类的次序如下:

第一类:第一部

第二类:二、三、四、五部

第三类:六、七、八部

第四类:九、十、十一部

第五类:十二、十三、十四部

第六类:十五、十六、十七部

戴震(1723—1777),字东原。他是段玉裁的老师,但他的古韵分部却晚于段玉裁。戴震分古韵为九类二十五部:

一、阿(歌)乌(鱼)垩(铎)

二、膺(蒸)噫(之)亿(职)

三、翁(东)讴(侯)屋(屋)

四、央(阳)夭(宵)约(药)

五、婴(耕)娃(支)戹(锡)

六、殷(真)衣(脂)乙(质)

七、安(元)靄(祭)遏(月)

八、音(侵)邑(缉)

九、醃(谈)諜(叶)

这个韵部系统的最大特点是入声韵与阴声韵分立,从而造成了阴、阳、入三分的系统。入声如果不独立,就只有十六部。与段玉裁的十七部相比,他少了幽部和文部,但他从脂部中分出了祭部,而且把祭部当作与月部相配的阴声韵,所以从数量上看,比段玉裁只少一个部。另外,他把歌部摆在阳声韵的位置上,这也是与众不同的地方①。

孔广森(1752—1786),字众仲。主张分古韵为十八部。他从东部分出一个冬部,这是一大贡献。十八部又分为阴阳两大类,阴声韵、阳声韵各分为九,阴阳之间可以对转,如歌元对转,支耕对转,脂真对转,鱼阳对转,侯东对转,之蒸对转等。对转说的确立,是孔广森的又一贡献。

孔广森的对转也有不合理的地方。他把合类(叶缉)当作阴声韵,与谈类对转;又以宵类与侵类相配,都不可取。

王念孙(1744—1832),字怀祖。分古韵为二十一部。与段玉裁不同的是:

1. 从段氏十二部(真部)分出一个至部(质部)。他说:"去声之至霁二部及入声之质栉黠屑薛五部中,凡从至、从疐、从质、从吉、从七、从日、从疾、从悉、从栗、从桼、从毕、从乙、从失、从八、从必、从卩、从节、从血、从彻、从设之字,及闭、实、逸、一、抑、别等字,皆以去入同用,而不与平上同用,固非脂部

① 参阅何九盈《中国古代语言学史》214页。

之入声，亦非真部之入声，《六书音均表》以为真部之入声，非也。《切韵》以质承真，以术承谆，以月承元，《音均表》以术月二部为脂部之入声，则谆元二部无入声矣，而又以质为真之入声，是自乱其例也。”(《经义述闻》卷三十一)

2. 从段玉裁的十五部(脂部)分出一个祭部(月部)。他说：“《切韵》平声自十二齐至十五咍，凡五部，上声亦然，若去声则自十二霁至二十废，共有九部，较平、上多祭泰夬废四部，此非无所据而为之也。考三百篇及群经、楚辞，此四部之字皆与入声之月曷末黠辖薛同用，而不与至未霁怪队及入声之术物迄没同用，且此四部有去入而无平上，《音均表》以此四部与至未等部合为一类，入声之月曷等部亦与术物等部合为一类，……其以月曷等部为脂部之入声，亦沿顾氏之误而未改也，唯术物等部乃脂部之入声耳。”(《经义述闻》卷三十一)

祭部独立，戴震已经提出来了，但戴震用它跟月部相配，王念孙认为祭泰夬废“此四部之字皆与入声之月曷末黠辖薛同用”，去入为一类，这是正确的。

3. 从段玉裁的第七部(侵部)分出一个缉部，从段玉裁的第八部(谈部)分出一个叶部。他说：“缉合以下九部当分为二部，遍考三百篇及群经、楚辞所用之韵，皆在入声中，而无与去声同用者，而平声侵覃以下九部，亦但与上去同用，而入不与焉，然则缉合以下九部本无平上去明矣。”(《经义述闻》卷三十一)

4. 段玉裁的侯部(第四部)没有入声。王念孙说：“屋沃烛觉四部中，凡从屋、从谷、从木、从卜、从族、从鹿、从賣、从業、从录、从束、从狱、从辱、从豖、从曲、从玉、从蜀、从足、从

局、从角、从岳、从昔之字及秃哭粟玨等字，皆侯部之入声，而《音均表》以为幽部之入声。”(《经义述闻》卷三十一)

江有诰(1773—1851)，字晋三。江氏也分古韵为二十一部，他在不了解王念孙分韵的情况下，经过独立研究，也提出了祭、叶、缉三部应各自分立。十七部加上此三部，再加上孔广森分出的冬部(江氏改名为中部)，共二十一部。

上古韵部的划分，由顾炎武的十部发展到王念孙、江有诰的二十一部，基本上已成定局。如果说顾炎武是清代古音学的奠基人，王念孙、江有诰就是古音学的集大成者。至于上古声母和声调的研究，清人没有取得像样的成就，有一些好的见解，下文再作介绍。

本世纪的古音研究，进入了一个新的阶段。主要成就有两点：一是对清人研究出来的上古韵部进行补充、完善；一是对上古声母和韵母的音值进行拟测。章太炎(1869—1936)、黄侃(1886—1935)、王力先生(1900—1986)，在古韵部的划分方面都有新的贡献。

章太炎在《文始》中主张分古韵为二十三部，即以王念孙的二十一部为基础，加上孔广森的冬部，再加上他自己分出来的队部。晚年，他在《音论》中主张冬侵合一，于是又成了二十二部。

王力先生说：“章炳麟的队部独立，这是一个新发展。这个队部，段玉裁、王念孙、江有诰等人一向都把它归入脂部。”章太炎认为队部是去入韵，“队异于脂”。这个队部相当于黄侃的没部，王力的物部。

黄侃在章太炎的二十三部的基础上，分古韵为二十八部，比章氏的韵部多出了五个：德部、沃部、屋部、铎部、锡部。这五个部都是收-k尾的入声韵，黄侃把它们从阴声中独立出来，使古韵部系统形成了阴阳入三足鼎立之势，这是黄侃在坚持戴震的三分法方面作出的一大贡献①。

上古韵部系统中本有十一个入声韵部，收-p尾的缉叶，收-t尾的质月，王念孙已经使它们独立，章太炎又把-t尾的物部也独立出来，剩下的还有六个收-k尾的入声韵没有独立。黄侃把五个收-k尾的入声韵独立出来，就只剩下与幽部相配的觉部没有独立了。后来钱玄同、黄永镇把觉部也独立出来，就变成二十九个部了。

王力在古韵分部方面的贡献是从脂部分出了一个微部。王先生在《上古韵母系统研究》一文中，详细地讨论了脂微分部的理由，读者可以参阅。

王力在古韵分部方面的另一贡献是坚持阴阳入三分法，十一个入声韵彻底独立。在二十九部的基础上，再加上他自己分出的一个微部，得出古韵分三十部的结论。

对古韵进行构拟，这是前人所没有做过的一件工作。清朝人只是建立了古韵部，而韵部并不等于韵母，一个韵部之中究竟包括哪些韵母，这些韵母的音值又是什么样的，这是现代音韵学家要解决的课题。

本世纪对古韵母进行全面拟测的有高本汉、董同龢、陆志韦、李方桂、王力等人。高本汉著有《分析字典》、《上古中国音当中的几个问题》，董同龢著有《上古音韵表稿》，陆志韦著有

---

① 黄侃《音略》："本师章氏论古韵二十三部，最为憭然。余复益以戴君所明，成为二十八部。"

《古音说略》、《诗韵谱》，李方桂著有《上古音研究》，王力著有《汉语史稿》、《汉语音韵》、《诗经韵读》、《楚辞韵读》。

高、董、陆、李、王等五人，对古音的构拟各具特色。

1. 关于主要元音的构拟。

李、王二家认为一个韵部只有一个主要元音。王力在《上古韵母系统研究》中指出："关于主要元音的类别，我虽不愿在此时谈及音值，但我可以先说出一个主张，就是凡同系者其主要元音即相同。假设歌部是-a，曷部就是-at，寒部就是-an。"王力先生一直坚持这个主张。他的古韵部有六个主要元音，另有三个复合元音。李方桂对元音系统的看法与王力的主张相同。他说："研究上古的元音系统的时候我们也有一个严格的假设，就是上古同一韵部的字一定只有一种主要元音。"李方桂的古韵部只有四个元音，另有三个复合元音。

高、董、陆三家的元音系统比较复杂，他们都认为一个韵部有多种主要元音。高本汉构拟了十四个元音，董同龢构拟了二十个元音，陆志韦构拟了十三个元音。

2. 关于介音的构拟。

介音是介乎声母和主要元音之间的音。上古汉语有没有介音呢？大多数古音学家的回答是肯定的。

董同龢构拟了三个介音。三等韵有一个辅音性的介音-j-，四等韵有一个元音性的介音-i-，合口介音为-w-。

王力先生在《诗经韵读》中把介音叫作韵头。开口二等的韵头是-e-，三等的韵头是-i-，四等的韵头是-y-；合口一等的韵头是-u-，二等的韵头是-o-，三等的韵头是-iu-，四等的韵头是-yu-。

李方桂假定上古时代没有合口介音，三等韵有一个-j-介音，二等韵有一个使舌尖音卷舌化的介音-r-，“这个介音不但可以在舌尖音声母后出现，也可以在唇音，舌根音声母后出现，并且也可以在三等介音 j 的前面出现。”

陆志韦的介音系统比较特别。二、四等没有介音，三等有两个介音：一个是窄介音-i-，出现在照三等跟精等声母之后，一个是弘介音-ɪ-，出现在知、照二、来等声母之后，喉牙唇音有时候联 i，有时联 ɪ。合口介音一律写作-w-。

3. 关于韵尾的构拟。

按韵尾来划分，上古韵部可以分为三大类：阳声韵为一类，其韵尾为-m、-n、-ŋ；入声韵一类，其韵尾为-p、-t、-k；阴声韵一类，其韵尾到底是辅音性的，还是元音性的，目前尚无一致的意见。

高本汉主张阴声韵有辅音韵尾，只有歌、鱼、侯的部分字算作元音收尾。他构拟的阴声韵辅音韵尾有五个：之、幽、宵、支以及侯部的一半收-g 尾，祭、队、至收-d 尾，脂部和歌部的部分字收-r 尾，鱼部的一部分字，先拟为-ʔ，后改为-g，脂部、队部中的少量字收-b 尾。

董同龢只有歌部没有辅音韵尾，其余的阴声韵都有辅音韵尾。祭、微、脂诸部的阴声字收-d，之、幽、宵、侯、鱼、佳诸部的阴声字都收-g，凡与-p 尾入声字接触的阴声字，最初有一个唇音韵尾-b。除-b、-d、-g 之外，还有一个舌尖音韵尾-r，带-r 尾是脂、微两部中的少量字。

陆志韦认为所有的阴声韵都有辅音韵尾，歌部也不例外。之、幽、宵、侯、鱼收-g 尾，歌、祭、至收-d 尾，支部和脂部的一部分收-d，一部分收-g。

李方桂赞同陆志韦的构拟原则。他说："上古时代似乎没有以元音收尾的字。董同龢也只有歌部一部而已。高本汉就勉强分出歌部、鱼部、侯部的一部分算作元音收尾的。也许我们的材料使我们很难分出有元音韵尾的字，也许上古的音节结构根本就是CVC（辅音＋元音＋辅音），正如陆志韦的说法。"李方桂拟测的阴声韵全是闭音节，其韵尾有三个：之、幽、鱼、宵、佳、侯收-g，微、祭、脂收-d，歌部收-r。

从上述情况可以看出：高、董、陆、李等人，属于阴声韵有辅音韵尾的一派，他们所拟测的辅音韵尾，大同而小异。

另一派不赞成阴声韵有辅音韵尾，其代表人物就是王力先生。王先生在《诗经韵读》中将阴声韵的韵尾分为两类：一类是开尾韵，一类是元音尾韵。

开尾韵

ə（之）　u（幽）

ô（宵）　o（侯）

a（鱼）　e（支）

元音尾韵

ei（脂）　əi（微）　ai（歌）

所谓开尾韵，就是用主要元音收尾的韵，实际上是没有韵尾的韵；元音尾韵是指以元音 i 收尾的韵。我们认为王先生的阴声韵构拟原则是正确的。因为不仅现代汉语中阴声韵没有收辅音韵尾的，就是中古音也找不出以辅音收尾的阴声韵，而且阴声韵如果也收辅音韵尾，它跟入声韵还有什么不同呢！按照辅音韵尾派的构拟，事实上等于取消了阴声韵。其结果，上古汉语就不是阴阳入三分，而是阳入两分了。他们的拟测显然脱离了汉语的实际，是不可信的。

4. 关于声母的构拟。

声母问题要比韵母的情况复杂得多，主要原因是资料不足。首先，上古究竟有多少声母，各家意见很不一致。

章太炎认为上古有二十一个声母，黄侃认为上古只有十九纽：影、晓、匣、见、溪、疑、端、透、定、泥、来、精、清、从、心、邦、滂、並、明。知、照三并入端组，庄、精合一，喻母并入影母。

高本汉认为上古有三十四个声母，董同龢有三十六个声母，李方桂有三十一个声母，王力先生《汉语史稿》拟测的声母为三十二个，《同源字典》、《诗经韵读》的声母为三十三个。

另外，上古汉语究竟有没有复声母，意见也不统一。

关于拟音问题。有的声母各家的拟音都一样，如邦、滂、端、透、见、溪等；有的就不一样，如並、定、群、从等是否送气，照二、照三是塞音还是塞擦音，喻四是否要分为两类，它的音值是不送气浊塞音 d-，还是别的什么音。

上面我们简述了上古音研究的整个进程，大致上可以分为四个阶段：从吴棫到杨慎是第一阶段，焦竑、陈第是第二阶段，清代古音学是第三阶段，本世纪的古音学算是第四阶段。我们也可以把前面的三个阶段称之为传统古音学阶段，把第四阶段称之为现代古音学阶段。这两个阶段在观点和方法上都有很多的不同。

二、上古韵母系统

在介绍上古韵母系统时，我确立了以下一些原则。

1. 上古音有三十个韵部，可分为阴阳入三大类；

2. 阳声韵以-m、-n、-ŋ收尾，入声韵以-p、-t、-k收尾，阴声韵没有辅音韵尾；

3. 一个韵部只有一个主要元音；

4. 上古无四等之名，但有四等之实。一等韵没有介音，二等韵有一个 I 介音，三等韵有一个辅音性的 j 介音，四等韵有一个元音性 i 介音，合口韵的介音用 w 表示。

关于三十部及其主要元音和韵尾的情况，列表如下：

1. 之 ə	2. 职 ək	3. 蒸 əŋ
4. 幽 ɤ	5. 觉 ɤk	6. 冬 ɤŋ
7. 宵 ʌ	8. 药 ʌk	
9. 侯 ɔ	10. 屋 ɔk	11. 东 ɔŋ
12. 鱼 a	13. 铎 ak	14. 阳 aŋ
15. 支 æ	16. 锡 æk	17. 耕 æŋ
18. 歌 ai	19. 月 at	20. 元 am
21. 脂 æi	22. 质 æt	23. 真 æn
24. 微 əi	25. 物 ət	26. 文 ən
	27. 缉 əp	28. 侵 əm
	29. 叶 ap	30. 谈 am

上古韵部的建立主要依靠两种材料，一是韵字的系联，二是谐声类推。韵字系联就是把《诗经》、《楚辞》和其他先秦韵文中互相押韵的字系联在一起，组成韵部。如“母”字在《诗经》中出现十七次，跟它一起押韵的有哪些字呢？

《葛覃》：否母

《竹竿》：其思之右母

《葛藟》：涘母母有

《将仲子》：子里杞母

《南山》：亩母

《陟岵》：屺母

《四牡》：止杞母

《杕杜》：杞母

《南山有台》：杞李母已

《沔水》：海止友母

《小弁》：梓止母裏在

《北山》：杞子事母

《思齐》：母妇

《泂酌》：兹饎子母

《雝》：祉母

《閟宫》：喜母士有祉齿

跟“母”相押的“否其思之右涘有子里杞亩屺止李已海友梓裏在事妇兹饎祉喜士齿”等二十八个字，它们同属一个韵部。再证之以谐声，情况完全相符。如“里”以及从里得声的“裏”，“己”以及从己得声的“杞”、“屺”，“母”以及从母得声的“海”，“子”和从子得声的“李”，“止”以及从止得声的“祉”，都是同一韵部的字。段玉裁说的“同声必同部”，这个原则基本上是正确的。

下面介绍各部的谐声和韵母。

之部

凡是从下列谐声得声的字都归之部。

之声	㠯声	絲声	其声	匠声
里声	才声	兹声	来声	思声
不声	龟声	某声	母声	尤声
邮声	丘声	牛声	止声	喜声
己声	已声	史声	耳声	子声
士声	宰声	采声	又声	久声
妇声	负声	司声	佩声	而声
啚声	巛声	臺声	旧声	事声
疑声	灰声	裘声	辝声	辞声
亥声	再声	乃声	市声	

本部有六个韵母：ə，wə，ɪə，ɪwə，jə，jwə。

一等开口：ə

（咍） 胎台来莱哉猜鳃垓埃待殆怠乃鼐载采海亥戴态再菜碍倍

（侯） 某母亩踣

一等合口：wə

（灰） 培陪梅恢灰悔贿每佩诲

二等开口：ɪə

（皆） 霾豺骇

二等合口：ɪwə

（皆） 怪

三等开口：jə

（之） 持治慈词之芝诗时而耐其基欺疑熹耻以李裏子梓士史俟齿市耳己纪起喜矣吏事字使思絲司

（尤） 涪谋丘裘邮尤妇负美久灸柩旧右友有宥忧

三等合口：jwə

（脂） 龟痏洧

职部

凡是从下列谐声得声的字都归职部。

畐声	戒声	异声	北声	戠声
意声	直声	弋声	则声	革声
或声	息声	亟声	力声	棘声
黑声	匿声	畟声	色声	塞声
克声	伏声	牧声	皕声	敕声
啬声	仄声	圣声	麦声	导声

本部有六个韵母：ək,wək,ɪək,ɪwək,jək,jwək。

一等开口：ək

（代） 代岱贷

（德） 北墨默得德忒特貣勒则贼塞克刻黑劾

一等合口：wək

（队） 背邶

（德） 国或惑蜮

二等开口：ɪək

（怪） 戒诫悈械

（麦） 麦革核

二等开口：ɪwək

（怪） 犕

（麦） 聝

三等开口：jək

（志） 置异值植厕织识炽试弑亟意

（职） 副陟弋直匿力仄侧畟稷测色穑息熄职食恻蚀式轼殖极

（至） 葡備

（宥） 富

三等合口：jwək

（屋） 辐匐牧昱煜囿郁

（职） 棫域蜮

蒸部

凡是从下列谐声得声的字都归蒸部。

徵声	夌声	仌声	升声	兴声
登声	弓声	瞢声	乘声	曾声
兢声	朋声	亙声	丞声	膺声
厷声	朕声	蝇声	爯声	仍声
熊声	陾声			

本部有六个韵母：əŋ，wəŋ，ɪəŋ，ɪwəŋ，jəŋ，jwəŋ。

一等开口：əŋ

（登） 崩朋瞢登滕腾能曾层恒等邓增赠

一等合口：wəŋ

（登） 厷肱薨弘鞃

（东） 夢

二等开口：ɪəŋ

（耕） 薨橙

二等合口：ɪwəŋ

（耕） 宏纮闳泓

三等开口：jəŋ

（蒸） 冰徵澂惩称丞承胜升兢凝兴鹰孕乘膺

三等合口：jwəŋ

（东） 冯弓穹雄熊

幽部

凡是从下列谐声得声的字都归幽部。

求声	九声	卯声	流声	攸声
翏声	州声	周声	舟声	孚声
囚声	休声	叟声	矛声	雔声
叉声	爪声	缶声	棘声	丑声
丂声	韭声	手声	秀声	鸟声
枣声	𠂤声	帚声	好声	守声
臭声	报声	酉声	由声	牟声
咎声	牢声	首声	早声	戊声
簋声	舀声	老声	艸声	丩声
幺声	秋声	勹声	肘声	兽声
讨声	夲声			

本部有四个韵母：ɤ，ɪɤ，jɤ，iɤ。

一等：ɤ

（豪） 褒陶焘萄牢醪遭槽糟曹骚搔咎皋翱宝保鸨抱岛讨道老早枣蚤草造扫报冒导靠好

二等：ɪɤ

（肴）　包苞胞庖炮茅膠哮饱卯昴叉爪巧孝

三等：jɤ

（尤）　浮枹桴矛蟊牟眸侔瘳攸悠由油猶游卣绸筹稠流輶愁搜囚舟周州收讎柔鸠求仇缶阜肘丑牖纣纽狃柳酒帚手守首九韭朽覆复留瘦秀绣袖岫臭狩救究

（幽）　缪虬樛幼谬

四等：iɤ

（萧）　萧鸟聊湫啸

觉部

凡是从下列谐声得声的字都归觉部。

赤声　告声　祝声　肃声　畜声

竹声　逐声　匊声　肉声　穆声

六声　复声　夙声　奥声　臼声

毒声　孰声　粥声　目声

本部有四个韵母：ɤk，ɪɤk，jɤk，iɤk。

一等：ɤk

（号）　灶告诰奥燠懊

（沃）　瑁笃竺督毒告部酷

二等：ɪɤk

（觉）　雹鞄鳆觉学

三等：jɤk

（宥）　畜就

（屋）　复馥目睦竹筑蓄育逐妯轴六陸戮勠蓼蹴踧缩夙肃鹔祝俶倏叔淑孰塾肉臼鞠澳

四等：iɤk

（锡）　笛迪滌戚寂

冬部

凡是从下列谐声得声的字都归冬部。

中声　躬声　宫声　蟲声　冬声

夅声　农声　宋声　戎声　宗声

众声

本部有三个韵母：ɤŋ，ɪɤŋ，jɤŋ。

一等：ɤŋ

（冬）　冬农脓宗淙琮彤综

二等：ɪɤŋ

（江）　夅降绛

三等：jɤŋ

（东）　豐中忠衷忡融彤蟲冲隆崇终仲众躬宫戎穷

（钟）　浓醲

宵部

凡是从下列谐声得声的字都归宵部。

小声　苗声　爻声　尞声　劳声

巢声　夭声　交声　高声　毛声

敖声　刀声　兆声　喿声　盗声

号声　吊声　朝声　麃声　要声

票声　尧声　䍃声　到声　少声

焦声　嚣声　杲声　料声　枭声

猋声　鼂声　表声　了声　杳声

淼声　皃声　羔声　钊声

本部有四个韵母：ʌ，ɪʌ，jʌ，iʌ。

一等：ʌ

（豪） 毛芼旄髦刀忉洮桃逃劳操臊羔高膏敖嗷獒熬嚣蒿豪号麃脑惱澡缫燥灏镐到悼盗缟傲耗

二等：ɪʌ

（肴） 猫钞巢教绞狡爻肴殽佼稍校效

三等：jʌ

（宵） 標熛猋票摽飘漂剽瓢嫖骠苗朝超洮姚窯谣瑶摇赵兆燎焦谯醮烧韶乔桥侨鸮要葽表缥莩殍杪秒藐眇勦绍佋妙诮饶绕小笑肖沼

四等：iʌ

（萧） 貂佻桃苕枭骁钊徼尧浇幺窕挑掉了料皎窈

药部

凡是从下列谐声得声的字都归药部。

卓声　勺声　龠声　药声　弱声

虐声　乐声　翟声　爵声　敫声

雀声　隺声　暴声

本部有四个韵母：ʌk，ɪʌk，jʌk，iʌk。

一等：ʌk

（屋） 暴瀑凿

（铎） 爆乐膗鹤

（沃） 隺鬻皠沃

二等：ɪʌk

（效） 豹皃罩淖较

（觉） 驳旄卓倬濯擢掉搦荦塙推

三等：jʌk

（笑） 燿

（药） 籥药躍爵雀爝勺灼酌绰芍妁弱蒻溺虐谑约

四等：iʌk

（锡） 的翟激檄

侯部

凡是从下列谐声得声的字都归侯部。

侯声	区声	娄声	禺声	刍声
需声	俞声	朱声	取声	豆声
口声	后声	厚声	斗声	奏声
冓声	屚声	具声	付声	句声
殳声	主声	侮声	须声	走声
寇声	戍声	鬥声	壴声	兜声
敄声	饫声			

本部有三个韵母：ɔ，jɔ，jwɔ。

一等开口：ɔ

（侯） 头投娄楼搂陬诹鲰句钩沟篝侯猴区讴欧苉沤瓯部瓿斗走垢诟苟笱口叩扣偶耦厚郈殴懋瞀豆逗窦脰槈漏镂陋购觏媾购候沤

三等开口：jɔ

（尤） 驺昼皱骤

三等合口：jwɔ

（虞） 符凫诛株邾蛛俞瑜踰榆腧愉渝厨娄蒌趋雏须需朱珠枢输殊殳茱铢洙儒濡驹俱躯驱隅愚遇府腐侮柱缕取聚主竖树乳窭煦伛昫妪寓付附驸務婺雾驻娶趣注澍孺句屦具

屋部

凡是从下列谐声得声的字都归屋部。

谷声　屋声　蜀声　𧶠声　束声

鹿声　族声　卜声　木声　玉声

狱声　足声　角声　豖声　局声

粟声　录声　㱿声　菐声　曲声

秃声　辱声　哭声　珏声

本部有四个韵母：ɔk，wɔk，ɪɔk，jwɔk。

一等开口：ɔk

（候）　仆嗾彀縠

一等合口：wɔk

（屋）　樸蹼卜撲攴木沐鹜楘啄秃独黩牍椟读犊录禄鹿绿録族谷縠珏瞉哭屋

二等开口：ɪɔk

（觉）　剥朴涿琢角斠岳嶽确渥握

三等合口：jwɔk

（遇）　赴仆足数

（烛）　欲躅促俗续赎烛属鼓触束蜀辱蓐曲局

东部

凡是从下列谐声得声的字都归东部。

东声　同声　丰声　公声　从声

封声　凶声　邕声　共声　双声

充声　工声　龙声　容声　用声

送声　尨声　孔声　弄声　丛声

茸声　宂声

本部有三个韵母：ɔŋ，ɪɔŋ，jwɔŋ。

一等合口：ɔŋ

（东） 蓬蒙濛东通侗恫同桐铜童僮潼穜笼嵏稯聪丛充工攻功空倥烘洪虹鸿琫董动桶孔翁冻痛弄送贡瓮

二等开口：ɪɔŋ

（江） 邦庞窗双江杠讲项巷

三等开口：jwɔŋ

（钟） 封葑湊逢傭庸容榕溶重龙从纵松钟茸龚邛颙凶汹邕饔滃奉唪冢宠勇涌俑用颂诵供恐共擁

（东） 充

鱼部

凡是从下列谐声得声的字都归鱼部。

鱼声	旅声	古声	疋声	巨声
且声	虍声	父声	瓜声	乎声
壶声	无声	图声	土声	女声
乌声	叚声	巴声	牙声	五声
圉声	鼠声	雨声	午声	户声
馬声	下声	夏声	吴声	武声
羽声	余声	与声	者声	車声
于声	家声	卸声	吕声	股声
寡声	禹声	兔声	素声	亚声
罢声	䀠声	予声	夫声	初声
居声	舍声	巫声	步声	於声
蛊声	互声			

本部有五个韵母：wa，ɪa，ɪwa，ja，jwa。

一等合口：wa

（模） 铺蒲酺匍模谟都阇荼屠徒奴卢胪舻栌芦租粗徂殂苏稣沽姑辜盬孤枯呼評胡湖乎瑚户扈祜岵怙雇䓢乌邬污洿补圃布普浦溥哺步莽堵睹土吐稌杜怒弩砮祖组素股羖鼓瞽苦胯五伍午娱虎浒膴憮鄠

二等开口：ɪa

（麻） 巴葩荼拏挐马葭家贾叚蝦牙芽衙吾鰕华鸦窊把霸骂假嫁稼雅讶下夏亚

二等合口：ɪwa

（麻） 瓜夸誇跨胯詳寡

三等开口：ja

（麻） 邪斜祖衺遮车奢

三等合口：jwa

（鱼） 猪瘏樗余予舆誉玙欤储篨驴庐且苴沮初钼耡梳胥谞徐诸书舒纾如茹居琚据裾胠渠鱼虚褚楮女吕闾旅膂所绪序抒叙处暑鼠黍墅恕汝去语圉许鄦絮

（虞） 夫扶敷无膴毋巫诬衢虞娱雩诩栩竽盂禹宇羽纡污迂瞿懼

铎部

凡是从下列谐声得声的字都归铎部。

睪声	各声	蒦声	屰声	昔声
夕声	石声	毄声	若声	霍声
白声	乇声	尺声	亦声	赤声
炙声	庶声	乍声	射声	舄声
戟声	㝁声	隻声	索声	虢声

本部有六个韵母：ak，wak，ɪak，ɪwak，jak，jwak。

一等开口：ak

（铎） 博薄亳莫漠幕託拓铎度诺洛骆珞作错怍昨各胳阁号鄂鹗郝貉恶

一等合口：wak

（暮） 墓募慕蠹度渡斁路露辂厝措错阼酢诉泝遡护

（铎） 郭椁崞鞹霍藿

二等开口：ɪak

（祃） 怕侘乍诈

（陌） 魄白帛貊泽择客额赫格伯迫百柏

二等合口：ɪwak

（陌） 虢檴

三等开口：jak

（祃） 夜射藉麝

（陌） 索㝮隙郤剧

（药） 缚箸躇略掠舄若都脚卻

（昔） 睪译峄驿绎亦奕腋惜踖

三等合口：jwak

（御） 庶

（药） 矍攫

阳部

凡是从下列谐声得声的字都归阳部。

羊声 昌声 方声 相声 向声

昜声 亡声 上声 倉声 王声

央声 桑声 网声 光声 卬声

亢声　庚声　京声　羹声　兵声
兄声　行声　庆声　丙声　永声
量声　畺声　章声　商声　香声
襄声　长声　办声　网声　爽声
黄声　明声　彭声　競声　亯声
丈声　秉声　皿声　竝声　罔声
匠声　竟声　强声

本部有六个韵母：aŋ,waŋ,ɪaŋ,ɪwaŋ,jaŋ,jwaŋ。

一等开口：aŋ

（唐）　滂雱旁芒当湯蕩唐堂棠囊郎狼倉蒼滄藏桑丧岡亢刚康卬杭行榜党当宕碭朗浪葬抗伉盎

一等合口：waŋ

（唐）　光洸广旷壙汪黄皇

二等开口：ɪaŋ

（庚）　兵彭榜盲蝱枨枪庚更衡珩行

二等合口：ɪwaŋ

（庚）　觵瑝蝗横

三等开口：jaŋ

（庚）　兵明盟京卿勍黥鲸迎英丙炳秉柄病孟竟镜庆競

（阳）　羊洋阳扬长肠场娘庄妆装将蒋牀墙嫱霜详祥翔庠章漳璋彰昌倡商殇湯常裳尝羌香乡央秧殃向

三等合口：jwaŋ

（庚）　永诉泳兄

（阳）　方芳妨房防狂王放访防匡筐仰况往枉亡

支部

凡是从下列谐声得声的字都归支部。

支声　圭声　是声　只声　斯声

卑声　巂声　卮声　知声　兒声

规声　虒声　氏声　此声　奚声

買声　解声　蠡声　鬳声　启声

醯声

本部有六个韵母：ıæ，ıwæ，jæ，jwæ，iæ，wiæ。

二等开口：ıæ

（佳）　郫柴佳街厓崖娃洼蛙买解蟹稗矖懈

二等合口：ıwæ

（佳）　卦挂绊嫿

三等开口：jæ

（支）　裨埤知箎觜雌疵跐斯凘虒支枝只卮提堤匙岐祇跂

鷈庳褫紫訾此纸寘弛

三等合口：jwæ

（支）　规觿恚

四等开口：iæ

（齐）　騠题谿倪蜺輗霓奚遞蠡堦雞啓棨

四等合口：wiæ

（齐）　圭邽奎刲桂

锡部

凡是从下列谐声得声的字都归锡部。

朿声　益声　易声　厄声　狄声

辟声　脊声　鬲声　册声　啻声

役声　觋声　帝声　辰声

本部有六个韵母：ɪæk，ɪwæk，jæk，jwæk，iæk，wiæk

二等开口：ɪæk

（卦） 庍派隘

（麦） 蘗脈眽谪摘责啧帻策册鬲隔覈翮戹

二等合口：ɪwæk

（卦） 画

（麦） 划

三等开口：jæk

（寘） 臂避刺易

（昔） 辟璧僻癖益脊蹢积迹適赐

（陌） 碧

三等合口：jwæk

（昔） 役疫

四等开口：iæk

（霁） 嬖帝谛缔继係缢

（锡） 壁劈汨滴镝嫡剔惕擿敌狄历沥枥绩析晳击鹢

四等合口：wiæk

（锡） 狊鶪

耕部

凡是从下列谐声得声的字都归耕部。

丁声	争声	生声	盈声	正声
名声	顷声	平声	敬声	鸣声
壬声	寧声	嬴声	𤇾声	贞声
殸声	巠声	晶声	霝声	幸声
井声	省声	鼎声	青声	耿声

轰声　并声

本部有六个韵母：ɪæŋ，ɪwæŋ，jæŋ，jwæŋ，iæŋ，wiæŋ。

二等开口：ɪæŋ

（耕）　丁争筝铮峥耕硁茎铿莺嘤樱鹦耿幸

（庚）　生笙牲猩

二等合口：ɪwæŋ

（耕）　轰訇

三等开口：jæŋ

（清）　并屏名贞桢祯赪柽盈嬴精菁晶旌清情晴骍觪併聘逞骋郢呈程郑井请静靖省性姓正征整政证圣颈劲轻声婴

（庚）　平评坪苹鸣荆惊擎檠

三等合口：jwæŋ

（清）　营茔倾顷琼茕萦婴颍颖

（庚）　荣莹嵘

四等开口：iæŋ

（青）　萍冥溟螟听廷庭霆亭宁鸰灵酃星腥猩醒经泾刑形硎並铭汀订定青

四等合口：wiæŋ

（青）　扃驷炯径迳磬

歌部

凡是从下列谐声得声的字都归歌部。

加声　为声　吹声　多声　禾声

它声　瓦声　罢声　我声　沙声

离声　罗声　皮声　差声　那声

麻声　詈声　戈声　ナ声　ᘔ声

果声　朵声　肖声　惢声　坐声

卧声　七声　叉声　叵声　妥声

些声　丽声　徙声　也声　兮声

本部共有七个韵母：ai，wai，ɪai，ɪwai，jai，jwai，iai。

一等开口：ai

（歌）　多它佗蛇他陀纶那傩罗蹉磋瑳嵯娑哥歌柯菏珂轲俄娥莪何河苛荷阿拖左佐些个個可坷我饿蛾鹅贺

一等合口：wai

（戈）　坡颇婆皤磨摩湰挼痤戈科讹禾和跛簸番播叵破朵妥蜕坐琐锁卧祸

二等开口：ɪai

（麻）　麻差叉沙加嘉笳痂茄

二等合口：ɪwai

（麻）　娲瓦化踝

三等开口：jai

（麻）　嗟些蛇也

（支）　陂披皮疲罢縻离螭移池驰罹施羁畸奇骑琦宜仪羲猗彼被靡徙寄义议谊倚椅

三等合口：jwai

（支）　睡箠锤隋随垂陲抝为伪吹炊

四等开口：iai

（齐）　骊兮丽俪

月部

凡是从下列谐声得声的字都归月部。

祭声　祔声　世声　大声　最声

吠声　曳声　卫声　制声　泰声

会声　竄声　夬声　裔声　拜声

兑声　外声　毳声　介声　带声

筮声　厕声　砅声　芮声　蓋声

月声　刺声　寽声　舌声　叕声

戊声　伐声　截声　绝声　杀声

罚声　彻声　欶声　列声　桀声

薛声　孑声　设声　戌声　末声

折声　雪声　夺声　劣声　刷声

粤声　剣声

本部共有八个韵母：at，wat，ɪat，ɪwat，jat，jwat，iat，wiat。

一等开口：at

（泰）　贝狈沛茷霈旆带太泰汰軑奈赖濑蔡丐辖艾害蔼

（曷）　达獭剌椠渴喝曷遏频

一等合口：wat

（泰）　蜕兑锐酹最竄蕞刽脍郐外哕翽会绘

（末）　拨芾拔末昧沫妹掇剟脱夺捋撮括活聒阔豁

二等开口：ɪat

（怪）　拜湃瘵杀介疥玠

（夬）　败迈快哙

（黠）　拔札察轧

（辖）　刷辖鎋

二等合口：ɪwat

（夬）　犗夬话

（辖） 刮

三等开口：jat

（祭） 币獘敝獘袂曳诎泄跇洩滞厉砺励祭际制製掣世势筮噬逝誓揭艺

（废） 废乂刈艾

（薛） 瞥别灭哲彻辙沏列裂冽薛绁泄晢舌设折热讦揭朅桀傑碣竭孽

（月） 羯歇谒

三等合口：jwat

（祭） 缀啜餟辍锐蜹毳岁赘税说帨蜕芮汭劂镢蹶卫

（废） 肺柿吠茷秽薉

（薛） 悦阅劣埒绝厥缺

（月） 发髮伐罚阀拔掘月刖轨越粤钺

四等开口：iat

（霁） 蝃蝃界蓟契

（屑） 蔑蠛截楔锲挈契臬絜

四等合口：wiat

（屑） 決缺抉

元部

凡是从下列谐声得声的字都归元部。

泉声　釆声　半声　干声　安声

戋声　丸声　官声　山声　间声

闲声　延声　臺声　连声　夗声

柬声　焉声　肩声　毌声　散声

见声　燕声　旦声　爰声　亘声

繁声	奻声	萈声	元声	卝声
反声	犬声	丹声	肙声	鬳声
宪声	衍声	棥声	袁声	言声
难声	原声	䜌声	卵声	妟声
患声	奂声	弁声	𤔔声	縣声
㳄声	耑声	段声	虔声	彝声
鲜声	寒声	姦声	般声	赞声
祘声	筭声	建声	删声	片声
㚘声	烦声	㕣声	班声	㒼声
断声	前声	宀声	侃声	𠬝声
曺声	善声	看声	辡声	萬声
宦声	孨声	便声	䌛声	穿声
全声	㒳声	幻声	舛声	蠲声
扇声	曼声	件声	幵声	短声
巽声				

本部共有八个韵母：an，wan，ɪan，ɪwan，jan，jwan，ian，wian。

一等开口：an

（寒） 单郸丹叹难阑兰餐湌残珊干竿玕肝看刊寒翰邗汗安鞌亶旦坦炭但惮弹诞滩谰嬾粲灿散旰幹侃衎岸犴汉熯旱駻按案晏

一等合口：wan

（桓） 般番潘蔓湍团抟銮鑽酸官棺冠贯观宽欢驩讙貆桓完丸洹谩满曼漫烦闷短断锻疃段卵乱纂祘筭蒜管筦琯馆贯灌鹳玩翫奂焕涣惋

二等开口：ɪan

（删） 班斑颁般攀蛮删讪潸姦菅颜版板撰馔轶栈汕栅谏涧鸮

（山） 潺孱山间闲娴办辨刬产简柬幻

二等合口：ɪwan

（删） 关顽还環镮鬟弯篡

三等开口：jan

（元） 言焉建蹇券键谖偃鄢郾

（仙） 鞭縣鳣钱仙鲜跹羶扇蝉然甄愆乾虔犍辩缅愐湎面展衍犂剪翦践饯羡善鳝墠謇搴遣件彦唁谚践战

三等合口：jwan

（元） 蕃藩元沅原源萱谨烜袁爰园

（仙） 诠筌泉全线选旋员娟

四等开口：ian

（先） 边骈笺前肩豣岍研䃍燕见练铼片丏眄

四等合口：wian

（先） 涓蠲狷犬蜎

脂部

凡是从下列谐声得声的字都归脂部。

妻声	皆声	厶声	几声	示声
夷声	匕声	齐声	眉声	氐声
米声	尸声	豊声	死声	美声
矢声	犀声	屖声	黹声	师声
癸声	伊声	二声	尔声	叕声
弟声	兕声	履声	细声	岂声

冀声　西声　豕声　医声

本部共有五个韵母：æi，ɪæi，jæi，jwæi，iæi。

一等开口：æi

（哈）　剴皚愷闓

二等开口：ɪæi

（皆）　斋侪皆喈階楷偕谐

三等开口：jæi

（脂）　眉湄郿麋氐夷荑迟坻尼怩犁梨咨资姿粢茨师私脂鴟尸屍鸤蓍饥肌机祁伊比妣牝美媚雉稚穉姊次死兕示矢视嗜几冀揆

（支）　弥猕豕

三等合口：jwæi

（脂）　水癸揆楑骙

四等开口：iæi

（齐）　迷祗鹈泥黎妻萋凄齐棲翳陛米底坻牴体梯涕弟悌礼澧醴济剂洗细稽诣羿医

质部

凡是从下列谐声得声的字都归质部。

戾声　利声　肄声　弃声　四声

季声　惠声　彗声　自声　至声

计声　一声　七声　必声　乙声

日声　屆声　执声　实声　匹声

吉声　栗声　血声　穴声　逸声

卩声　抑声　质声　毕声　疾声

失声　替声　悉声　壹声　闭声

页声　器声　阕声　夐声

本部共有五个韵母：ɪæt,jæt,jwæt,iæt,wiæt。

二等开口：ɪæt

（怪）　屆

（黠）　劼黠

（鎋）　鮚

三等开口：jæt

（至）　毖閟祕邲畀鼻致疐轾呬肄利莅自四泗駟肆至挚鸷洎弃懿饐

（质）　必毕匹比蜜密宓蛭室咥佚轶逸溢镒佾栗慄溧七桼漆郪榛疾悉蟋膝质侄叱实失室日驲吉拮诘一壹乙

（栉）　栉瑟蝨

三等合口：jwæt

（至）　穗彗篲季豷

（祭）　槥繐

（术）　邺恤

四等开口：iæt

（霁）　闭嚏替戾唳计嘒殪

（屑）　蛭铁驖姪耋瓞轶迭秩帙节切窃屑结

四等合口：wiæt

（霁）　惠慧蟪蕙

（屑）　騤阕血穴

真部

凡是从下列谐声得声的字都归真部。

天声　田声　因声　申声　人声　匀声

扁声　臣声　民声　玄声　粦声　𡵂声

旬声　辛声　信声　令声　真声　引声

秦声　丮声　寅声　身声　千声　命声

矜声　印声　频声　晋声　闰声　奠声

本部共有四个韵母：jæn，jwæn，iæn，wiæn。

三等开口：jæn

（真）　宾傧频濒嫔民镇填寅螾陈邻麟鳞津親秦螓辛新薪莘真畛神申伸绅身呻臣人仁因茵姻鞇䐜殡慭引陈蔺晋进迅讯信缜慎印

（臻）　臻蓁溱榛甡

（仙）　编褊

（清）　令领

三等合口：jwæn

（谆）　匀昀筍旬洵殉徇闰润均钧

四等开口：iæn

（先）　篇扁匾颠滇田畋佃阗电奠憐年千坚贤弦

四等合口：wiæn

（先）　玄眩炫衒铉渊

微部

凡是从下列谐声得声的字都归微部。

飞声　自声　衣声　畾声　非声

幾声　隹声　尾声　虫声　回声

火声　水声　鬼声　绥声　微声

□声　畏声　希声　威声　委声

耒声　衰声　肥声　危声　夔声

乖声　开声　卉声　磊声

本部共有六个韵母：əi，wəi，ɪəi，ɪwəi，jəi，jwəi。

一等开口：əi

（哈）　开哀

一等合口：wəi

（灰）　裴枚玫自堆推蓷隤憝雷类耒辈崔罪摧魁块凷堁虺回瑰汇缋隈

二等开口：ɪəi

（皆）　俳徘

二等合口：ɪwəi

（皆）　乖坏蒉聩淮怀槐

三等开口：jəi

（微）　幾机讥饥玑希晞稀沂

（脂）　悲绨

三等合口：jwəi

（微）　飞非骓诽霏菲妃肥腓微薇归巍挥烽翚晖徽帏伟苇韪威匪篚斐悱尾鬼魏纬围衣畏

（脂）　唯惟维遗椎耒诔壘虽睢绥推骓蓷谁雅岿夔

（支）　危委萎逶缒毁

物部

凡是从下列谐声得声的字都归物部。

出声　尉声　弗声　殳声　勿声　郁声

气声　胃声　未声　对声　隶声　旡声

位声　豙声　率声　帅声　退声　内声

籾声　肉声　孛声　乞声　兀声　祟声

突声　弼声　豙声　配声　八声

本部共有八个韵母：ət，wət，ɪət，ɪwət，jət，jwət，iət，wiət。

一等开口：ət

（代）　逮溉概慨忾爱薆暧僾

一等合口：wət

（队）　配孛悖妹昧对退逮内倅淬溃

（没）　没殁棁突讷卒倅骨滑窟兀杌轨忽鹘嗢

二等开口：ɪət

（怪）　肳

（黠）　八

二等合口：ɪwət

（怪）　喟蒯

（黠）　茁鳜

三等开口：jət

（至）　费簪寐魅隶塈暨

（未）　既气氣毅忾忔

（质）　笔弼率蟀帅

（迄）　讫吃乞仡迄

三等合口：jwət

（至）　懟类涖醉翠瘁萃粹邃祟隧遂匮馈蒉位

（未）　沸髴未味沬胃谓蔚尉慰畏

（物）　弗勿物屈诎倔崛掘鬱

（术）　窋聿矞鴪律戌述术橘

四等开口：iət

（霁）　隸棣

四等合口：wiət

（屑） 谲

文部

凡是从下列谐声得声的字都归文部。

先声　辰声　困声　屯声　门声

殷声　分声　艮声　免声　昏声

孙声　奔声　员声　尹声　辜声

川声　巾声　刃声　云声　存声

仑声　堇声　文声　军声　斤声

典声　昷声　亹声　熏声　焚声

彬声　豚声　盾声　㐱声　舛声

飧声　寸声　筋声　蚀声　䜌声

圂声　衮声　尘声　胤声　壸声

允声　尊声　本声　粪声　困声

疢声　坤声　恩声　巽声　垔声

丨声

本部共有七个韵母：ən，wən，ɪən，ɪwən，jən，jwən，iən。

一等开口：ən

（痕） 根跟痕艮很恨恩

一等合口：wən

（魂） 奔贲盆门璊敦惇屯豚啍论崙尊郇存孙飧昆琨鹍坤髡昏婚阍魂温殟辒本湨闷溷顿盾遁遯寸损逊巽衮鲧壸困混焜溷

二等开口：ɪən

（山） 艰限扮盼眼

二等合口：ɪwən

（山）　䲴纶

三等开口：jən

（真）　彬邠豳贫闽汶珍尘趁振唇昣甄晨巾银垠鄞訚闵轸赈震忍刃韧纫仅觐殣陨

（仙）　甄免勉冕

（殷）　斤筋勤欣昕炘殷慇槿靳近隐

（臻）　诜侁駪

三等合口：jwən

（谆）　屯迍椿沦伦轮遵逡竣循驯春湣纯鹑淳醇尹允俊骏畯隼准蠢盾舜

（仙）　川舛

（文）　分粉奋粪芬纷氛雰忿坟豮焚愤文闻蟁君军窘群郡熏薰勳荤云芸沄郧运晕郓愠蕴缊

四等开口：iən

（先）　先湮烟典殄殿跣洗荐

缉部

凡是从下列谐声得声的字都归缉部。

咠声　合声　臸声　立声　入声

及声　邑声　集声　十声　習声

㬼声　沓声　乏声

本部共有四个韵母：əp，ɪəp，jəp，iəp。

一等：əp

（合）　荅沓纳軜拉杂龘合部閤㬎

二等：ɪəp

（洽） 极笈洽

三等：jəp

（缉） 絷熠立粒笠咠葺缉集濈习袭执汁湿十什拾急汲给级芨泣及吸歙翕邑悒浥蛰

（葉） 楫

（乏） 乏

四等：iəp

（帖） 垫慴苶愸

侵部

凡是从下列谐声得声的字都归侵部。

冘声 臽声 马声 毚声 占声

凡声 欠声 咸声 覃声 林声

心声 甚声 音声 侵声 壬声

三声 品声 男声 今声 琴声

彡声 寻声 罙声 亩声 森声

闯声

本部共有四个韵母：əm，ɪəm，jəm，iəm。

一等：əm

（覃） 耽酖探贪覃潭谭南男婪惏簪参骖蚕淦堪戡龛髧憯感坎轗颔菡涵撼谙暗阇

（谈） 三统啗

二等：ɪəm

（咸） 毚谗缄咸函黯湛减陷

（衔） 巉纔

三等：jəm

（侵） 琛郴冘垩淫沈林琳临霖侵浸岑心森寻浔镡斟镢箴深忱谌任壬今金衿禁琴禽崟吟歆音瘖喑阴品谮闯潭朕寝枕濬审稔衽妊锦禁钦衾饮窨荫

（盐） 砭贬霑沾觇谄阽黏锓占黔镢钤芡

（凡） 泛氾凡范犯

四等：iəm

（添） 玷點忝念僭

叶部

凡是从下列谐声得声的字都归叶部。

枼声　业声　疌声　涉声　甲声

妾声　巤声　曷声　法声　夾声

臿声　劫声　劦声　盍声　聶声

本部共有四个韵母：ap，ɪap，jap，iap。

一等：ap

（盍） 曷蹋阘腊

（合） 帀罨嬶鞥

二等：ɪap

（洽） 插歃箑锸夾郏峡

（狎） 翣甲狎柙压

三等：jap

（叶） 辄枼叶聂猎睫妾捷摄涉晔烨皋馌靥

（业） 劫胠怯业邺胁

四等：iap

（帖） 帖牒谍燮颊荚鋏劦协勰侠

谈部

凡是从下列谐声得声的字都归本部。

监声　炎声　敢声　詹声　斩声

甘声　奄声　佥声　兼声　冄声

染声　夾声　弇声　銜声　芟声

本部共有四个韵母：am,ɪam,jam,iam。

一等：am

（谈）　儋瞻聃谈郯淡澹惭甘歛邯酣胆荚蓝篮滥槧鏨暂敢监

（覃）　柟弇赣庵菴晻

二等：ɪam

（衔）　芟衔槛滥

（咸）　斩

三等：jam

（盐）　盐檐簷廉鬑佥韱渐詹瞻蟾襜夾陕闪琰餤剡艳敛猃殓堑冉染髯俭崄验淹崦厌奄弇

（严）　严腌

四等：iam

（添）　甜兼缣蒹谦歉慊嫌

读者可以看出，我对上古元音的拟测，基本上参照了王力先生的模式。具体来说，也是六个主要元音，三个复合元音。

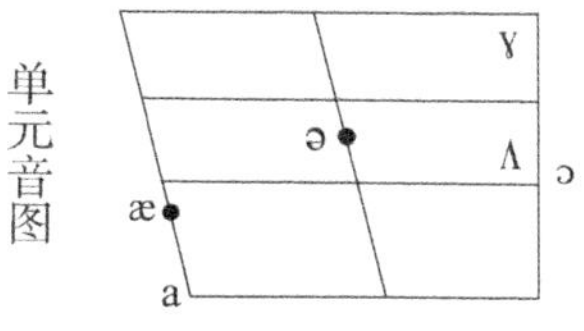

复合元音：əi æi ai

据 30 部统计，上古共有 156 个韵母，现列表如后。

上古韵母总表

等 呼 部	一等		二等		三等		四等	
	开	合	开	合	开	合	开	合
之部	ə	wə	ɪə	ɪwə	jə	jwə		
职部	ək	wək	ɪək	ɪwək	jək	jwək		
蒸部	əŋ	wəŋ	ɪəŋ	ɪwəŋ	jəŋ	jwəŋ		
微部	əi	wəi	ɪəi	ɪwəi	jəi	jwəi		
物部	ət	wət	ɪət	ɪwət	jət	jwət	iət	wiət
文部	ən	wən	ɪən	ɪwən	jən	jwən	iən	
缉部	əp		ɪəp		jəp		iəp	
侵部	əm		ɪəm		jəm		iəm	
支部			ɪæ	ɪwæ	jæ	jwæ	iæ	wiæ
锡部			ɪæk	ɪwæk	jæk	jwæk	iæk	wiæk
耕部			ɪæŋ	ɪwæŋ	jæŋ	jwæŋ	iæŋ	wiæŋ
脂部	æi		ɪæi		jæi	jwæi	iæi	
质部			ɪæt		jæt	jwæt	iæt	wiæt
真部					jæn	jwæn	iæn	wiæn
鱼部		wa	ɪa	ɪwa	ja	jwa		
铎部	ak	wak	ɪak	ɪwak	jak	jwak		
阳部	aŋ	waŋ	ɪaŋ	ɪwaŋ	jaŋ	jwaŋ		
歌部	ai	wai	ɪai	ɪwai	jai	jwai	iai	
月部	at	wat	ɪat	ɪwat	jat	jwat	iat	wiat
元部	an	wan	ɪan	ɪwan	jan	jwan	ian	wian
叶部	ap		ɪap		jap		iap	
谈部	am		ɪam		jam		iam	
侯部	ɔ				jɔ	jwɔ		
屋部	ɔk	wɔk	ɪɔk			jwɔk		
东部	ɔŋ		ɪɔŋ			jwɔŋ		

续表

等 呼 部	一等		二等		三等		四等	
	开	合	开	合	开	合	开	合
宵部	ʌ		ɪʌ		jʌ		iʌ	
药部	ʌk		ɪʌk		jʌk		iʌk	
幽部	ɤ		ɪɤ		jɤ		iɤ	
觉部	ɤk		ɪɤk		jɤk		iɤk	
冬部	ɤŋ		ɪɤŋ		jɤŋ			

说明：

1. 本表的“开”“合”与后代四呼中的开口呼、合口呼在性质上有所不同；

2. 表中的缉侵叶谈宵药幽觉冬等九部均列于开口，实际上不分开合；

3. 东部一等的 ɔŋ 近似 uŋ，本属合口，为了与侯屋相配，表中列于开口位置上；

4. 上古的开合问题，情形比较复杂，在此不详论。

三、上古声母系统

根据谐声、异文、假借、声训等资料，又根据《切韵》音系往上推断的结果，我们认为上古有三十二个声母，现列表如下。

一、唇音

帮（非）　滂（敷）　並（奉）　明（微）

二、舌音

端（知）　透（彻）　定（澄）　泥（娘）　来

三、齿头音

精　清　从　心　邪

庄　初　床　山

四、正齿音

照　穿　神　审　禅　日

五、牙音

见　溪　群　疑

六、喉音

晓　匣（喻三等）　影

七、边音

喻四等

下面我们拟测各类声母的音值并介绍它们的演变情况。

唇音

唇音有四个声母，它们的音值是：p，p‘，b，m。

根据钱大昕的考证，古无轻唇音。他说："凡轻唇之音，古读皆为重唇。"(《十驾斋养新录》卷五，101 页)所谓轻唇，就是非、敷、奉、微四母，也叫唇齿音。这四个声母只出现在三等字中，它们不仅在先秦时代混同于帮、滂、並、明，就是在《切韵》时代还没有分化出来。

非、帮不分的例子：古读"封"如"邦"，读"方"如"谤"，读"匪"如"彼"，读"非"如"颁"，读"法"如"逼"。

谐声材料：方——谤，榜，膀。

分——邠，颁，份[①]。

非——悲，辈。

反切材料：彬斌，府巾切

奔，甫闷切

鄙，方美切

敷、滂不分的例子：古读"敷"如"铺"，古文"妃"与"配"同。

反切材料：丕，敷悲切

篇，芳连切

瞥，芳灭切

缥，敷沼切

奉、並不分的例子：《说文》"朋"、"鹏"皆古文"凤"字，古读"汾"如"盆"，读"负"如"倍"，伏羲氏亦作庖牺氏，"部娄"又作"附娄"。

谐声材料：奉——菶，唪。

复——愎，鳆。

反切材料：棓，扶来切

---

① 份(bīn)：府巾切。

贫，符巾切

便，房连切

微、明不分的例子：古音“微”如“眉”，读“务”如“牟”，读“望”如“茫”，读“勿”如“没”。

谐声材料：文——闵，润。

门——闻，问。

亡——芒，盲。

反切材料：弥——武移切

眉——武悲切

灭——亡列切

轻唇是什么时候从重唇分化出来的呢？音韵学家的看法还不一致。大多数人认为这种分化是在唐末，不得晚于十二世纪。从材料看，慧琳《一切经音义》中的反切，轻重唇是分开的，而唐末守温的三十字母尚无轻唇，直到宋人的三十六字母才有“非敷奉微”四母。在实际语音中，轻唇的分化应当有一个渐变的过程，而且“非敷奉微”四母的产生也不可能是同步进行的。

关于分化的条件，王力先生在《汉语史稿》中有一个解释。他说：“双唇音一部分字分化为唇齿音，分化的条件是合口三等。合口三等是带有韵头 ĭw 或全韵为 ĭu 的韵母。凡合口三等的双唇字，到了后来一律变了唇齿音。”(《汉语史稿》上册，111 页)有的人不赞同这种说法，如史存直先生。他说：“很多人都相信重唇音变轻唇音是在‘合口细音’这个条件下变的。这个看法对不对呢？不对。”(《汉语语音史纲要》145 页)他只说“不对”，并没有进一步对分化的条件作出圆满的解释。

舌音

舌音有五个声母，它们的音值是：t，t‘，d，n，l。

上古的舌音，不仅有端、透、定，而且还包括知、彻、澄，这也是钱大昕的发现。钱氏说："古无舌头舌上之分，知彻澄三母，以今音读之，与照穿床无别也，求之古音，则与端透定无异。"(《十驾斋养新录》111 页)这个结论已为广大音韵学家所接受。

端、知不分的例子：古音"陟"如"得"，读"猪"如"都"，读"追"如"堆"，读"中"如"得"。

透、彻不分的例子：古读"抽"如"搯"(他牢反)。

定、澄不分的例子：《说文》"沖"读若"动"，古读"枨"如"棠"，读"池"如"沱"，读"沉"如"潭"，读"廛"如"壇"，读"陈"如"田"。

谐声资料也可以证明端知两组在上古是合而为一的。如：

端知：點玷沾霑　颠滇镇填　滴谪

透彻：湯暢

定澄：桃兆　糴擢　迪宙

在现代厦门方言中，知彻澄三母的字仍然读为舌头音，如：

张	tiɔŋ	(知)
抽	t‘iu	(彻)
直	tit	(澄)

端知不分的情况在反切资料中也有反映。如：

贮：丁吕切

窡：丁滑切

鵽：丁刮切

牚：他孟切

瑒：徒杏切

舌上音从舌头音中分化出来，一般认为在公元六世纪，在七世纪产生的《切韵》中，舌头与舌上已是两套声母。分化的条件是一、四等（端组）不变，二三等（知组）由于受介音的影响变成了舌上音，即由 t，t‘，d 变成了 ȶ，ȶ‘，ȡ。

至于泥、娘二母，不仅在上古应合而为一，就是在中古，它们也没有什么不同。娘母的设立可能是为了求得整齐，好与泥母相配的缘故。

齿头音

上古的齿头音包括两套不同的声母，一套是舌尖前音：ʦ，ʦ‘，ʣ，s，z；另一套是舌叶音：ʧ，ʧ‘，ʤ，ʃ。

在黄侃的十九纽中，这两套声母是合并在一起的，即把照二归到精组。黄侃之所以把它们合起来，这是有原因的。因为这两组声母之间的确关系非常密切。

谐声材料有：

精庄：宰滓

清初：趋刍

从床：淙崇

心山：性生

不过，要把庄初床山并入精清从心，会遇到一个困难。精组字出现于一三四等韵，庄组字出现于二三等韵（在韵图里，本是庄组三等韵的字被硬行排在二等，这就是人们所说的“假二等”，东、钟、支、脂、之、鱼、虞、阳、尤、侵、蒸等，都有假二等）①，它们同时在三等韵里出现，那么，后来三等韵中，ts、ʧ的不同是怎么产生的呢？也就是说，ʧ是根据什么条件从ts中分化出来的呢？董同龢解释说：“凡中古三等韵的ʧ-系字，古代原来都不属于那些三等韵，他们都是和那些三等韵同部的二等字，到一个颇晚的时期才变入三等韵。”（《汉语音韵学》293页）他的意思是，庄组在上古时代没有三等，只有二等。但这只是一种理论上的假设，为了便于解释中古ts、ʧ的不同，我们认为在上古时代，精庄的读音只是相近而已，不宜混而为一，所以我们在构拟的时候，还是分为两套不同的声母。

正齿音

正齿音有六个声母，它们的音值是：ȶ，ȶʻ，ȡ，ɕ，ʑ，ȵ。

钱大昕认为正齿音在上古也属舌音。他说：“古人多舌音，后代多变为齿音，不独知彻澄三母为然也。”（《十驾斋养新录》116页）他的意思是，除了知彻澄三母应与端系合并之外，照三等的字也应与端系合并。他举的例子有：古读“舟”（章）如“雕”（端），“至”（章）与“致”（知）同音，读“支”（章）如“鞮”（dī，端），读“专”（章）如“耑”（端）。后来黄侃的十九纽就明确把照系三等并入端系。

我们认为：照三等与端系读音相近，这是不成问题的，但相近不等于完全相同。如果读音完全相同，它们在中古又是根据什么条件分化出来的呢？所以我们把端系的读音拟为舌尖音，把照$_{三}$的音值拟为舌面音。

章太炎还把日母归入泥母。我们认为：这种归并也有问

① 关于假二等，可参阅何九盈《古汉语音韵学述要》有关《韵镜》介绍部分。

题，因为无法解释日母后来是凭什么条件从泥母分化出来的。看来，日、泥的上古音值，也只是相近而已。

牙音

牙音有四个声母，它们的音值是：k，k‘，g，ŋ。直到中古也没有发生什么变化。

喉音

喉音有三个声母，它们的音值是：x，ɣ，o。

这里着重要讨论的是 ɣ 的分化问题。在上古音中，匣母和喻母三等同一个声母，其音值为 ɣ。曾运乾在《喻母古读考》中证明："喻母三等古隶牙声匣母"。例子有：

古读"瑗"如"环"，读"违"如"回"，读"员"如"魂"，读"域"如"或"，读"有"如"或"，读"王"如"皇"，读"往"如"皇"。

曾运乾的结论是可信的，不仅上古音云（喻$_{三}$）① 匣合一，就是在《玉篇》和《经典释文》中云匣的反切也还没有分开。谐声资料也可以为证。如：

王（云）皇（匣），云（云）魂（匣）

完（匣）院（云），或（匣）域（云）

匣母只有一、二、四等，喻母三等正好与之补足。可见，在上古时代，ɣ-是四等俱全的。到中古，喻$_{三}$从匣母分化出来，与喻$_{四}$合流。喻$_{三}$分化的原因是由于介音的影响，使 ɣ 失落。

边音

喻母四等的上古音值是什么，这是个比较复杂的问题。李方桂说："大体上看来，我暂认喻母四等是上古时代的舌尖前音，因为他常跟舌尖前塞音互谐。如果我们看这类字很古

① 喻$_{三}$可称为云母，也称为于母。

的借字或译音……可以推测喻母四等很近 r 或者 l。又因为他常跟舌尖塞音谐声，所以也可以说很近 d-。……可以暂时以 r 来代表他……到了中古时代，r-就变成 ji-了。”（《上古音研究》13—14 页）王力先生在《汉语史稿》里认为“余母（喻四）的字，绝大部分和端透定相谐，小部分和邪母等相谐，可见它的上古音是 d。”在《诗经韵读》中他否定了这个看法。他说：“喻母四等字的上古音读最难确定，从前有人把它一律读入定母，未免太简单化了，我曾把它拟成定母的不送气，也很勉强。高本汉把喻四的上古音分为 d、z 两类，也缺乏可信的根据。现在姑且拟成一个 j，这个 j 只代表一个未定的辅音，以待进一步的研究。”1985 年出版的《汉语语音史》说：“现在我有新的拟测，把喻四的上古音拟测为[ʎ]。”

根据曾运乾的考证，喻四和定母的关系的确很密切，但把喻四的音值也拟为 d，这就和定母完全一样了。喻三之所以能并入匣母，是因为正好匣母缺三等，让喻三来补上这个空，因此，它们的声母虽然都是 ɣ，而韵母并不完全一样。至于定母和喻四的关系就不一样了，定母有一四等，如果喻四再并进去，两个四等的读音完全一样，后来怎么会发生分化呢？李方桂和王力先生对喻四的音值问题都采取很谨慎的态度，原因就在于此。在这里，我暂依师说，用[ʎ]来代表喻四的音值。根据上面的讨论，我们把上古声母的音值列表如下：

p	p‘	b	m	
t	t‘	d	n	l
ts	ts‘	ʣ	s	z
ʧ	ʧ‘	ʤ	ʃ	

ȶ　ȶʻ　ȡ　ɕ　ʑ　ȵ　ʎ

k　kʻ　g　ŋ

x　ɣ　o

下面按声母列举例字，供读者参考。

帮（非）[p]

一等：波播榜奔本般半帮

二等：巴八班邦包豹驳迫

三等：鳖彼悲彪编斌冰兵

（非）：弗府飞非缶分方风封藩反放

四等：弩闭襞壁边遍

滂（敷）[pʻ]

一等：颇坡仆沛配剖潘喷滂

二等：葩魄派攀烹

三等：丕漂篇缤聘

（敷）：拂赴讣妃霏芬

四等：瞥睥霹片

並（奉）[b]

一等：跋勃捕倍培抱盘叛盆旁菶朋

二等：拔白败庖办庞

三等：鼻婢备殍卞贫牝病平

（奉）：伐罚符扶肥浮凡焚愤房冯

四等：陛骈並萍瓶

明（微）[m]

一等：模莫末母戊梅妹毛某蔓满门忙

二等：麻马埋买猫蛮氓

三等：灭靡眉矛谋谬棉民

（微）：芜巫武无微晚文

四等：蔑迷汨米眠铭冥

端（知）[t]

一等：答得德多都戴对刀耽丹端当

二等（知）：谪卓嘲

三等（知）：哲辍知致置诛竹著昼沾贞

四等：滴氐鸟颠點顶鼎

透（彻）[t‘]

一等：他忒妥土胎退讨偷贪彖汤通

二等（彻）：虿瞠

三等（彻）：彻絺楮超抽谄侦椿伥逞

四等：铁梯体跳天忝

定（澄）[d]

一等：大特惰杜待队道豆谈团遁荡邓

二等（澄）：浊擢櫂湛枨

三等（澄）：蛰直杼除兆朕长惩仲

四等：牒迭弟题田定

泥（娘）[n]

一等：那纳讷诺奴乃内耨南男暖囊能

二等：挠赧

三等：聂暱女狃粘浓

四等：涅泥惄年寍

来[l]

一等：腊乐罗洛卢赖雷劳楼滥乱林

二等：冷

三等：列李陆律谏力流廉良陵龙

四等：犁聊料怜蛉

精[ts]

一等：则左卒祖哉早走尊臧曾宗

三等：借爵资祭稷足醉焦酒翦津骏将

四等：跻济

清[ts‘]

一等：蹉粗蔡崔操粲村仓

三等：且雌七促翠秋迁悛亲枪请

四等：切戚妻倩青

从[dz]

一等：杂坐族在才贼罪曹暂残存藏琮

三等：绝字疾聚瘁就贱钱泉尽匠静从

四等：截剂齐蛴前

心[s]

一等：塞蓑苏扫三孙桑

三等：写雪赐死息肃须虽消修仙选相

四等：屑栖西犀锡萧先星

邪[z]

三等：谢词辞兕似祀耜姒寺嗣夕席俗徐序绪随遂囚羡寻旬详颂

庄[ʧ]

二等：札诈责斋爪争诤

三等：仄昃淄绉臻蓁庄壮

初[ʧʻ]

二等：差察策册簒窗

三等：测厕初楚参①龇榇创怆

床[ʤ]

二等：乍侪豺巢谗巉孱

三等：俟士事雏骤愁岑床崇

山[ʃ]

二等：沙翣朔数②产芟山潸生牲笙省

三等：瑟啬穑色缩所师史使蓰梳数③帅率森参④莘诜骁

照[ʨ]

三等：者浙拙酌灼支脂之芝织只至志朱主召舟州占专针箴真谆章正终钟众

穿[ʨʻ]

三等：车侈齿尺赤出处吹臭川穿春昌充冲

神[ʥ]

三等：蛇舌射食示术述船神唇绳

审[ɕ]

三等：舍赦摄设说施尸诗失识豕弛矢始世室书舒叔少手闪深沈升胜

禅[ʑ]

三等：社涉硕时十石氏是视市恃侍殊殳蜀谁垂勺召仇售禅善辰臣甚慎纯淳常裳上尚丞成

---

① 音 cān

② 音 shuò

③ 音 shù

④ 音 shēn

日[ȵ]

三等：热若日儿而尔耳二如儒汝乳入辱柔肉染冉壬人仁刃让

见[k]

一等：戈歌郭国古骨改概甘官冈光

二等：家加嘉佳夹甲瓜皆怪监关杠耕

三等：揭孑蹶肌吉给居贵鬼建姜京

四等：颊拮诀决鸡笄稽击圭坚见涓经

溪[k‘]

一等：轲科苦开魁口寇堪宽坤康空

二等：夸楷蒯快巧轻硁

三等：怯阙欺岂乞区去喟丘遣劝钦轻

四等：箧契缺溪逵奎犬磬褩

群[g]

三等：桀竭技骑期局巨具瞿渠乔咎旧求仇俭卷权近琴禽芹狂共穷

疑[ŋ]

一等：俄讹萼我卧兀忤吾吴敖卬

二等：雅瓦额岳嵒岩颜眼雁彦

三等：孽业虐月逆宜仪疑玉严言阮

四等：倪輗羿鹢研妍

晓[x]

一等：诃豁荷火货霍呼海黑好罕汉昏

二等：花赫孝亨

三等：歇胁羲迄希许辉休险轩欣香兴

四等：血晓显绚馨

匣（云）[ɣ]

一等：何禾合贺或胡乎害回含完杭黄

二等：匣话谐淮怀咸环项衡

三等（云）：曰越粤雨禹为又员云永王

四等：侠穴兮奚觋贤玄形迥

影[o]

一等：恶沃乌屋蔼爱奥讴安谙恩盎汪翁

二等：鸦亚哀隘淹晏弯罂

三等：谒约肄意邑抑益郁威忧焉因央

四等：缢殪翳窈燕宴渊

喻[ʎ]

四等：也夷怡以亦予余俞裕惟摇由延沿衍淫引尹羊陽盈营郢容庸勇用

四、上古声调系统

关于上古的声调系统，至今尚无统一的意见。

陈第对上古声调的看法是一种自相矛盾的态度。他一方面说："四声之辨，古人未有……，旧说必以平叶平，仄叶仄也，无亦以今而泥古乎！"（《读诗拙言》）可是，他在考证古今音不同时，又很注意声调问题，如他认为"振""上""命""正"等在古代应是平声，"居""贻"应读去声，"事""顾""怒""弟""道"都是上声，所以顾炎武批评他"犹扞格于四声，一一为之引证，亦所谓'劳唇吻而费简册'者也。"（《音学五书·音论》）

顾炎武对上古声调的看法并不比陈弟高明。他认为古代也有平上去入四个声调，但又认为"古人四声一贯"，"上或转为平，去或转为平上，入或转为平上去，则在歌者之抑扬高下而已，故四声可以并用"，"一字之中，自有平上去入"。（《音学五书·音论》）按照他这个理论，某一个字都有四个声调，可以临时"转"用，实际上成了字无定调，这种论点显然是错误的。

江永不赞成顾炎武的"四声一贯"论，他认为"四声虽起于江左，案之实有其声，不容增减。"就《诗》韵而言，在通常情况下，"平自韵平，上去入自韵上去入。"就是说，同调相押是主要的；"亦有一章两声或三四声者，随其声讽诵咏歌，亦有谐适，不必皆出一声，如后人诗余歌曲，正以杂用四声为节奏，《诗》韵何独不然！"（《古音标准》5 页）四声"杂用"的说法比之顾炎武的四声可以临时“转”用来更接近于实际。江永也注意到，有个别字的古今声调是不一样的，“其有今读平而古读上，如‘予’字，今读去而古读平，如‘庆’字，可平可去，如‘信’、‘令’、‘行’、‘听’等字。”（同上）

段玉裁对上古声调的看法，既不同于顾炎武，也不同于江永。他说：“古四声不同今韵，犹古本音不同今韵也。考周秦汉初之文，有平上入而无去，洎乎魏晋，上入声多转而为去声，平声多转为仄声，于是乎四声大备，而与古不侔，有古平而今仄者，有古上入而今去者，……今学者读三百篇诸书，以今韵四声律古人，陆德明、吴棫皆指为协句，顾炎武之书亦云平仄通押，去入通押，而不知古四声不同今，犹古本音部分异今也。……古平上为一类，去入为一类，上与平一也，去与入一也，上声备于三百篇，去声备于魏晋。”（《六书音均表·古四声说》）按段玉裁的意思，古今声调不同主要表现在两方面：1.《诗经》时代只有三个声调（平上入），没有去声，去声与入声合为一类，直到魏晋时代，才由上声和入声中分裂出去声来。2.就具体的字来说，声调也有变化，有的字古读平声，后来变为仄声，有的古读上声或入声，后来变为去声，“如‘戒’之音‘亟’，‘庆’之音‘羌’，‘亯’、‘飨’之音‘香’，‘至’之音‘质’，学者可以类求矣。”（同上）第一点是段玉裁的创说，江永虽然说过：“入声与去声最近，《诗》多通为韵。”（《古韵标准》73页）但江永只说这两个声调“最近”而已，还没有作出古无去声的结论。段玉裁的这一发现尽管还有不足之处，但很有意义，这一点我在下面还要谈到。

在科学研究中，由于研究者主观条件的差异，往往面对同样的材料，而作出的结论可能完全相反。孔广森和段玉裁对上古声调问题的看法就是这样。孔广森也认为上古只有三个声调，但他不认为是古无去声，而是古无入声。他说："案周京之初，陈《风》制《雅》，吴越方言未入于中国，其音皆江北人唇吻，略与《中原音韵》相似，故《诗》有三声，而无入声，今之入声于古皆去声也。"（《诗声类》卷八，23 页）"但去声之中，自有长言、短言两种读法，每同用而稍别畛域，后世韵书遂取诸阴部去声之短言者，壹改为诸阳部之入声。"（《诗声类》卷十二，44 页）他所谓的"后世"是什么时候呢？他说："盖入声创自江左，非中原旧读。"（《诗声类》卷一，1 页）又说："夫六朝审音者，于古去声之中别出入声，亦犹元北曲韵于平声之中又分阴平、阳平耳。"（《诗声类》卷十二，45 页）这就是说，是六朝时候江左地区的人从去声中分出了一个入声调。孔广森的论断也是以今律古。他是曲阜人，在他的方言中没有入声，就由此推断《诗经》时代也无入声，这个结论当然不可信。

江有诰起先认为"古无四声"，后来改变了自己的看法，认为"古人实有四声，特古人所读之声与后人不同"。为了证明这个不同，他写了《唐韵四声正》。

清末民初的王国维有《五声说》。他说："古（盈按：指上古）音有五声，阳类一与阴类之平上去入四是也。说以世俗之语，则平声有二（实则阳类自为一声，谓之平声，语不甚切），上去入各一，是为五声。自三百篇以至汉初，此五声者大抵自相通叶，罕有出入，汉中叶之后，阳类之声，一部讹变为上去，于是有阳声三，阴声四，而古之五声增而为七矣。然魏晋间撰韵书者，仍分为五声，盖犹并阳声之平上去为一，不敢以后世之

音乱古也。”(《观堂集林》卷八)

王国维所谓的“阳类”平声，有人误解为《中原音韵》的“阳平”，这是不正确的。他说的阳类是指收-m，-n，-ŋ 的阳声韵。王国维所说的魏晋间韵书“仍分为五声”，是指李登的《声类》和吕静的《韵集》以五声命字这种情况。这个问题，我在《中国古代语言学史》第六节中已有论述，可参阅。至于上古是否有五个声调，没有坚实的论据，难以置信。譬如他说阳声韵只有一个声调(段玉裁认为阳声韵只有平声)，这就不符合事实。

当代学者王力先生对上古声调的看法是：“上古阴阳入各有两个声调，一长一短，阴阳的长调到后代成为平声，短调到后代成为上声；入声的长调到后代成为去声(由于元音较长，韵尾的塞音逐渐失落了)，短调到后代仍为入声。”(《汉语音韵》180 页)

王先生的这个声调系统是三大类六小类。如果平声、上声不论阴阳，实际上是四个声调，即平、上、长入、短入。这个结论吸收和发展了清人的研究成果。第一，王先生吸收和补充了段玉裁的古无去声说。1980 年王先生写了《古无去声例证》，肯定了“段玉裁的话，基本上是正确的”。但是王先生没有照抄段玉裁的结论，“因为《广韵》里的阴韵去声字虽然大部分在上古收音于-t，-k，但是它们不可能与《广韵》里的入声字完全同调，否则后代没有分化的条件，不可能发展为两声。”(《汉语音韵》178－179 页)王先生提出了长入和短入的问题，对段玉裁的古无去声说作了重要补充。第二，王先生也吸收了孔广森关于声调意见的合理部分。孔广森说去声有长言、短言两种读法，王先生说入声有长入、短入之别，在调分长短这一点上，两人的意见是一致的。

我个人认为王力先生提出的长入短入之分是很正确的，这样就可以对中古相当数量的去声字在上古时代跟入声关系非常密切这一现象，进行合理的解释。至于上古时代的阳声韵和阴声韵，我觉得没有必要再分为长短两类，按照中古的习惯，不论阴阳，直接分为平声和上声两类即可。

五、余论

1. 复辅音问题。

上古汉语是否有复辅音，目前尚无定论。一派说有，一派说无。说有的是高本汉、林语堂、董同龢、李方桂等人，说无的是王力、唐兰等人。

认定上古汉语有复辅音的人，主要根据有三：

(1)谐声资料，如：

各(k)：路、赂(l)

京(k)：掠、凉(l)

黑(x)：墨、默(m)

(2)合音词，如：

不律为笔(pl)

窟窿为孔(kl)

旮旯为角(kl)

(3)汉藏语系的同源词或借词。如：

彝语的"地"读 ndi˨，"饱"读 mbu̠˧；川滇黔苗语的"歌"读 ŋkou^{2}，"富"读 mpo^{4}；布努瑶话的"袜"读 mpa^{4}，"打"读 ntɤu^{8}；又如壮语至今有的方言还有复辅音声母的 pl- ml- kl-等，有些与汉语有关的词，汉语念 p- m- k-声母，而壮语则分别念 pl- ml- kl-。

(这段材料引自严学宭《周秦古音结构体系》，《音韵学研

究》第一辑123页)

赞同古汉语有复辅音的人,意见也不一致。高本汉认为有十九个复辅音声母;喻世长把复辅音分为两类,第一类复辅音十二个,第二类复辅音二十一个。

我个人认为:根据谐声资料,远古汉语有可能存在复辅音,但在《诗经》时代,复辅音恐怕已经消失了。拿少数民族的现代语言材料来证明《诗经》时代有复辅音,从时间来看未免太遥远了。彝语、苗语、壮语,虽然都属汉藏语系,但是它们跟《诗经》时代的汉语究竟有多大的关系呢,在这方面还缺乏足够的证据。若按关系而论,按时代而论,《切韵》音系更接近《诗经》音系,而《切韵》时代已找不出任何复辅音的痕迹,怎么可能在七八百年的时间之内,复辅音消失得这么彻底呢?至于用合音词来证明古有复辅音,更加缺乏说服力。“不律为笔”、“旮旯为角”,这是方言问题。

2. 匣、群、喻$_{三}$的关系问题。

这三个声母在上古汉语中的关系问题,目前有三种不同的处置。

(1)高本汉根据互补的原则把匣群合而为一,拟为送气的[g‘],喻$_{三}$拟为不送气的[g]。

(2)董同龢合匣喻$_{三}$为一。他说:“匣母与喻母三等在切韵前是不分的,我们也可以很自然的拟订ɣ(j)-在上古也是ɣ-,ɣ-本来四等俱全,切韵之前仍保持未变,到切韵时代仅在一二四等中保存,在三等韵中则颚化为ɣ(j)-。”(《汉语音韵学》296页)至于群母,他拟为[g‘]。他批评高本汉把喻$_{三}$的上古音拟为[g],是“犯了一个大的错误”。(同上,297页)

(3)李方桂将匣群喻$_{三}$合而为一，台湾的陈新雄也把匣群喻$_{三}$合而为一，在拟音方面却不一样。

李方桂拟为舌根音[g]及圆唇舌根音[gw]，其演变规律如下：

上古 g+j-(三等)>中古群母 g+j-

上古 g+(一、二、四等韵母)->中古匣母 ɣ-

上古 gw+j->中古喻$_{三}$jw-

上古 gw+j+i->中古群母 g+j+w

上古 gw+(一、二、四等韵母)->中古匣母 ɣ+w-

陈新雄的拟音是[ɣ]，其演变规律是：

ɣ+非i̯韵母→ɣ-匣母

ɣ+i̯韵母→g 群母

ɣj+i̯韵母→喻$_{三}$

丁邦新指出："这个理论的困难是喻$_{三}$的上古来源何以有两个几乎相同的介音 j-、-i̯-相连？通常认为-i̯-就是-j-，有两个-jj-自然无法解释，陈氏的意思是表示声母有别，因此对语音没有交代。"(《从闽语论上古音中的 g》，见《音韵学研究通讯》9 期)

喻$_{三}$归匣，这是曾运乾考证出来的，音韵学家差不多都同意这个结论，董同龢的拟音也是符合这个结论的。我们这本小册子把匣喻$_{三}$合一，群母独立，跟董同龢的意见一致。李方桂先生很不赞同这样的拟音。他说："一个匣母配群母、喻$_{三}$两个，大伙也觉得似乎有点不规则，因此有些人就采取一个最不冒险的办法，就是说上古音有两个声母，一个是匣，一个是群；群母后来变成群，可能一部分匣母也是群，那么其余的喻$_{三}$等就是匣母变来的。我觉得这样不妥当。这是为了解释《切韵》的演变而人为地让它规则化。我认为，不应为出现一些不规则的问题而增加声母、韵母的数目。因为如果声母、韵母加得很多，一切都规则了，那样就根本用不着拟测了，就把《切韵》的音都推到上古去，一切规则都下来了。……如果有些问题不能解释，我们不妨留下来，将来可能还有可以解释的机会。”（《上古音研究中声韵结合的方法》，见《语言研究》1983年2期）看来，这个分歧也只能“留下来”，等待将来解释。

3. 神（床$_{三}$）禅的关系问题。

在上古音中神（床$_{三}$）禅二母是否应该合一，至今尚无定论。清末的邹汉勋以及后来的黄侃、李方桂、严学宭、李新魁等人，都主张神（即船母）禅（即常母）合一。李方桂说：“我以为床禅两母有同一的来源。中古时代《切韵》系的韵书虽有床禅之分，但是从他分配的情形看来，除去少数例外，大都有床母字的韵就没有禅母字，有禅母字的韵就没有床母字。从近代方言的演变看起来，床禅也不易分辨。《守温韵学残卷》也只有禅母而无床母，也可以说是禅床不分。……《切韵》系统的分床禅两母似乎有收集方音材料而定为雅音的嫌疑。我们不能根据《切韵》系统的区分而硬拟定上古时期也有两个不同的声母。我们情愿把《切韵》系统的分床禅认为是方音的混杂现象。”（《上古音研究》16页）

王力、邵荣芬等人不赞成把神禅合为一母。王力的《汉语语音史》将先秦音系的神母拟为[ȡ]，禅母拟为[ʑ]，邵荣芬著有专文《试论上古音中的常船两声母》，运用谐声、通假字和异文等材料，对常（禅$_{三}$等）船（床$_{三}$等）两母的情况进行了系统的考察，结论是："一、常、船两母在上古是两个独立的声母。二、常母是塞音，船母是擦音[①]。"(《罗常培纪念论文集》175页)我们对神禅二母的处理，采用了两母独立的结论。至于中古时代的神禅二母是分还是合，又当别论。

4. 祭部是否独立的问题。

在上古韵部的划分中，这是争议最多的一个难题。李方桂、董同龢都主张祭部独立，祭部是与月部相配的阴声韵；王力认为祭部不能独立，应与月部合并。

前些年，李毅夫先生写过一篇《上古祭月是一个还是两个韵部》的文章，登在《音韵学研究》第一辑上，该文对祭月问题进行了全面考察，其中有些结论是很有意义的。他认为："上古韵时代之前还有一个音韵时代，这个时代可以称为'远古韵时代'。在远古时代没有祭月之分，只有入声韵月部。随着岁月的推移，远古韵月部的一部分字发生了变化。变化快的成为了纯阴声字，变化慢的就是阴入两读字。"这个结论的意思是：祭部是从月部分化出来的，《诗经》时代祭月已成为两个部。

中古的祭部(指祭泰夬废等部)字来自月部，这是不成问题的。但《诗经》时代是否就已经完成了这种变化呢？我认为还没有。如果只是简单地划分韵部，祭部的独立不存在什么困难，但若构拟祭部的音值，问题就来了。李毅夫先生主张月部既配歌部，又配祭部，这是"两阴一入的特殊相配"。那么，歌部、祭部的音值怎么区分呢？它们的主要元音是一样呢还是不一样呢？如果一样，又凭什么来区分这两个部的差异呢？如果不一样，月部又怎么与之相配呢？按照我们的构拟原则，

① 本书的构拟与之相反。禅(常)母是擦音，神(船)母是塞音。

一个韵部只能有一个主要元音，阴阳入三声相配的韵，主要元音必然相同，这就排斥了一个入声韵能同时与两个阴声韵相配的设想。

那么，李方桂又是怎么处理这个矛盾的呢？第一，李方桂的歌部"是古韵分部中唯一没有与入声相配的阴声韵"（《上古音研究》53页）。也就是说，月部只配祭部，并不与歌部相配。第二，李方桂主张阴声韵跟入声韵一样，都有韵尾辅音。所以，尽管祭月歌的主要元音都是[a]，而韵尾辅音不一样。祭部的韵尾是[d]，月部的韵尾是[t]，歌部的韵尾是[r]，凭着这三个不同的韵尾辅音，解决了构拟中的矛盾。但我们从根本上就不赞成给阴声韵带上辅音尾巴，当然也就不赞同这样的拟音。

我们不赞成祭月分部的另一个原因是声调问题。祭部所包括的字在中古全归去声，承认祭部独立的人也只能认为在上古汉语中这是去声韵部，而我们是赞同古无去声的，阴声韵中的去声字原则上大都应归到入声韵部中，如果承认祭部独立，古无去声这个原则就不能成立了。

我们认为把祭部归到月部，一点也不勉强，因为祭月的谐声偏旁大都相同，就是到了中古也还有相当数量的祭部字有去入两读。当然，祭月这两类入声字虽然共一个韵部，差别也还是有的，它们的元音有长短之别，到了中古，长入变去，短入还保持辅音韵尾。

5. 对转、旁转、旁对转、通转①。

谈上古音，不能不谈转韵。所谓转韵，就是在一定的语音条件下，两个不同韵部的字可以押韵，可以通用。

① 王力称对转为通韵；称旁转、旁对转、通转为合韵。

（1）对转。可分阴入对转、阴阳对转、阳入对转三类。条件是主要元音相同。

《诗·周南·关雎》："参差荇菜，左右芼之；窈窕淑女，钟鼓乐之。"（芼、乐为阴入对转，主要元音为 ʌ）

《诗·郑风·女曰鸡鸣》："知子之来之，杂佩以赠之。"（来、赠为阴阳对转，主要元音为 ə）

《诗·大雅·召旻》："彼疏斯粺，胡不自替，职兄斯引。"（替、引为入阳对转，主要元音为 æ）

（2）旁转。条件是元音相近，韵尾相同。如：

《诗·周南·汝坟》："遵彼汝坟，伐其条枚。未见君子，惄如调饥。"（枚的主要元音为 ə，饥的主要元音为 æ，韵尾都是 i）

《诗·魏风·陟岵》："母曰嗟予季，行役夙夜无寐！上慎旃哉，犹来无弃。"（季、弃的主要元音为 æ，寐的主要元音为 ə，韵尾都是 t）

（3）旁对转。条件是主要元音相近，韵尾不同，这种情况比较少见。

《诗·卫风·硕人》："巧笑倩兮，美目盼兮。"（倩的主要元音为 æ，盼的主要元音为 ə）

（4）通转。条件是元音相同，韵尾发音部位不同。如：

《诗·大雅·大明》："殷商之旅，其会如林，矢于牧野，维予侯兴。上帝临汝，无贰尔心。"（旅、野、女押韵，鱼部字。林、兴、心押韵，侵蒸通转，它们的主要元音都是 ə，林、心收 m 尾，兴收 ŋ 尾。）

《诗·小雅·桑扈》："交交桑扈，有莺其领。君子乐胥，万邦之屏。"（扈、胥押韵，鱼部字。领、屏押韵，真耕通转，它们的

主要元音都是 æ，领收 n 尾，屏收 ŋ 尾。“领”字也有人归耕部）

对转、旁转、旁对转、通转，古人也叫“合韵”或“通韵”。段玉裁说：“古与古异部而合用之，是为古合韵。如‘母’字古在之咍部，《诗》凡十七见，而《蝃蝀》叶‘雨’。‘兴’字古在蒸登部，《诗》且五见，而《大明》叶‘林’‘心’是也。知其分而后知其合，知其合而后愈知其分。”（《六书音均表·吴序》[①]）这段话举了两个例子：一是“母”与“雨”叶韵，就是我们所说的旁转；一是“林”“心”与“兴”叶韵，就是我们所说的通转。段玉裁还给“合韵”下了一个定义，所谓合韵就是“异部而合用”。部不同而合用，就是不同部的例外押韵。这种例外又不是随意的，是由一定的语音条件所造成的，反映了“五方之音不同”。[②]了解“合韵”的规律，意义很大。首先涉及分部的问题，如果不知道“林”“心”“兴”叶韵是“异部而合用”，把它们都系联到一个韵部里去，侵蒸两部的界限就分不清了，所谓“知其分而后知其合，知其合而后愈知其分”，其意义就在于此。另外，研究同源词，辨别通假字，都需要懂得古合韵的规律。掌握合韵规律，还可以帮助我们分析谐声中的复杂情况。如：

a. 釆（古辨字）声在元部，而从釆得声的“番”（歌元两部均收）“播”“皤”归歌部，因为歌元可以对转。

b. 母声在之部，从母得声的“每”也归之部，而从每得声的“侮”归侯部，因为之侯可以旁转。

---

① 这篇序文为段玉裁本人代吴冲之而作。

② 戴震《答段若膺论韵》：“审音非一类，而古人之文，偶有相涉，始可以五方之音不同断为合韵。”

c. 王声在耕部，而从王得声的“鐵”在质部，因为耕质可以通转。

6. 上古音系与《切韵》音系的关系。

上古音与《切韵》音关系密切，这是人所共知的事实。江永说：“古韵既无书，不得不借今韵离合以求古音。”（《古韵标准·例言》）段玉裁说：“必依二百六部之旧，而后可由今韵以推古韵也。如支脂之分为三，尤与侯、元与魂痕，各分为二，皆与三百篇合。”（《六书音均表·吴序》）“由今韵以推古韵”，是古韵分部的一条重要途径，这是因为《切韵》音与上古音的确存在密切的关系。关于这一方面的道理，我们就不详细谈了。

在这里，要着重强调的是这两个音系在性质上是不一样的。上古音系虽然是后人从书本子上归纳出来的，但这些书本上的韵文材料与当时的口语（雅音）基本一致。张琨说：“《诗经》的押韵代表周朝雅言的语音系统，以黄河中游地区的北方方言为基础。”又说：“《诗经》就整体来说是一种统一的语音系统，代表黄河中游地区人民所说的周王朝的标准语。它的异质的来源只有偶然的痕迹。”这个结论我认为是正确的。至于《切韵》音系的性质，我在六十年代初期已经讲过，这是一个综合音系。张琨先生也说：“《切韵》不代表一时一地的语音系统，它反映汉语各地方言的特点，这与《诗经》的语言、现代的方言很不一样。”① 由于这两个音系的性质不同，它们之间并不是直线发展的关系，所以我们在构拟上古音系的时候，就不应该处处从《切韵》出发，过多地迁就《切韵》。如果硬是要

① 以上所引张琨的话，均见《语言学论丛》第十三辑徐通锵的访问记。

在二者之间全面地一丝不差地建立起所谓的历史联系，大谈其演变发展，这种构拟的科学性、可靠性，也就大成问题了。我以为高本汉、陆志韦、董同龢等人对上古音系的构拟，就存在这样的问题。他们把上古韵部的元音系统弄得那么复杂（高本汉拟了 14 个元音，陆志韦有 13 个元音，董同龢有 20 个元音），就在于他们要一针对一线地谈发展，似乎《切韵》的元音系统完全是由《诗经》音系发展而来的。如董同龢对之部元音的构拟，就有：

ə　ə̂　ə̆　ə̣̂

加[ˆ]号表示元音较关，是变入中古一等字的元音，[˘]号或[·]号表示松元音。变入中古尤韵字的用[˘]；变入中古侯韵的"母"等字上下都有附加符号。因为"母"是一等字，在[ə]的头上就加上[ˆ]号，为了与哈、灰韵的一等字相区别（哈韵字拟为ə̂，灰韵字拟为 uə̆），就认定"母"是松元音，于是在[ə̂]的下端又加上[·]号（因为上端已有[ˆ]号，不能再加[˘]号于上端了）。[ə]被加上[ˆ][˘]这些符号，应该看作是有区别音位的作用，如果没有区别音位的作用，这些附加符号就完全是多余的了。可是，若承认有区别音位的作用，那么这些不同音质的字怎么能同居一部而互相协韵呢？问题就在于上古之部的字，中古时代分布于哈、灰、侯、皆、之、脂、尤等韵，这七个韵的字，如果是等或呼不同，就用介音来区别，如果是同等又同呼，董同龢就用元音来区别。总之，《切韵》的一切语音现象都能从上古音中找到源头，这显然是主观主义的臆断。

相反，他们在某些情况下又根本撇开《切韵》音系。如《切韵》的阴声韵是没有辅音韵尾的，由《切韵》往上推，也推不出上古阴声韵会有辅音韵尾，而高本汉、董同龢等人给上古阴声韵安上了各种各样的尾巴（只有个别韵部例外）。这些尾巴为何到《切韵》时代全都自行脱落了呢？为何在现代方言中也丝毫不见痕迹呢？张琨教授想在这个问题上取调和态度。他说：

> 拟测出来的上古汉语所以全是闭音节，主要是研究音韵史的人没有敢采用一种做法。什么做法？比方说“孩子”的“孩”是阳平，“亥”是去声，“刻”是入声。这里明明白白的可以看出来，“刻”有一个-k韵尾，“孩”与“亥”在音节的最后一定也应该有点什么东西（按：着重点为笔者所加）。第二步再拟测“孩子”的“孩”和“亥”以-g收尾。所以《切韵》里头的“咍、海、骇”韵字过去都有-g韵尾。还有一个办法，有证据的字（如刻、孩、亥），我们说有-g；要是没有证据，我们就说没有-g。不过没有人敢这么做。别人要问：《切韵》里的“咍、海、骇”韵字，为什么有的有-g，有的没有-g呢？可以回答：本来有两套字，一套有-g，一套没有-g，后来-g丢掉了，因而这两套就变成一套了。到《切韵》时，人们不知道哪套有-g，哪套没有-g，合在一块儿。-d韵尾也同样，脂韵字、微韵字，有些从谐声字看，可以清清楚楚地看出有一个-d韵尾，有些字根本跟入声没有发生过关系，这一套字也许没有-d韵尾。这样的话呢，可能使两派都满意，或者使两派都不满意。
> （《语言学论丛》十三辑245—246页）

首先，我们应当肯定，张琨教授这样谈问题，是灵活而又通达的。但是，从根本上来说，我们应该如何看待谐声资料呢？谐声资料并不是一个时代的产物,里面包含着不同层次的语音成分,仅仅以谐声资料为据,还不足以论断阴声韵中辅音韵尾的存在;其次,阴声韵与入声韵的根本区别,就在于有无辅音韵尾,如果我们仅仅根据某些谐声系列在阴入类别上有纠葛,就给某些阴声韵的字也安上辅音韵尾,那么阴声韵和入声韵的本质区别就没有了。还有,因为"刻"收-k 尾,我们就给"亥""孩"安上-g 尾,那么与"亥""孩"同部的其他的字又该怎么办呢? 比如说,"特"从"寺"得声,是否要给"寺"字也加上-g 韵尾呢? 这样一来,上古的一个之部就要出现有辅音韵尾的字和无辅音韵尾的字同居共存的情况,这显然就破坏了韵部的完整性,这比之给整个之部加上-g 韵尾还要糟糕。其实,从谐声系列看,阴入有纠葛的谐声字是比较少的,这种纠葛也可能在远古汉语中就产生了,所以远古汉语中的阴声字是否有辅音韵尾,我们只好存而不论。至于《诗经》时代,我们把这些少数有纠葛的谐声资料当作例外处理。从大处着眼,不能因少数例外而自乱体系,这就是我们的原则。

总之,怎么看待《切韵》音系与上古音系的关系,怎样正确构拟上古音系,仍然是上古音研究中的大问题。至于古韵分部的问题,已成定局,这方面已经没有多少文章可作了,也不必刻意去标新立异了。

二校后记

——复辅音问题

关于复辅音问题，本书"余论"已有一个初步看法（见 81 页）。这些年来，我一直在思考这个问题。现在，利用读二校的机会把这些想法用"后记"的形式写出来，供读者参考。

我在"余论"中说："远古汉语有可能存在复辅音。"现在我认为：不是"有可能"，而是肯定有。因为不仅某些谐声资料证明远古汉语曾经有过复辅音，就是周秦文献中某些联绵字、又音、异文、假借也须要追索复辅音的历史才能得到合理的解释。

但我又不赞同上古汉语（指《诗经》时代，包括战国时期在内）仍然存在复辅音。我认为在上古汉语中留下了许多远古汉语复声母的遗迹，但复辅音声母作为一个系统已经消失。我们既不可把"遗迹"当作系统来看待，也不应该无视这些"遗迹"，以为汉语中从来就不曾有过复辅音。

在古代经济非常落后，交通很不发达的情况下，语言的演变非常缓慢。因此，复辅音的消失必然有一个非常漫长的过程。如果上古汉语还存在完整的、成套的复声母系统，岂能在《切韵》音系中消失得那么彻底，了无痕迹？！而上古汉语中确实能找到复辅音消失的遗迹。根据这些遗迹再加上有关语种的资料可以重建远古汉语的复声母系统，并追索上古某些单体声母的来源，根据这些遗迹也可以推断复声母消失的规律。

据现有研究的成果，我们设想远古汉语的复辅音以二合结构为主，它的消失规律大概有以下三种：

一、一分为二。即一个二合复声母分化为两个单声母，也就是两个不可分割的单音节联绵体。如：

pl-——pjəljwət　　(不律)①

kl-——kwailwai　　(果臝)

xt-——xwantɔ　　(驩兜)

bd-——bjɤkdɤ　　(复陶)

不律、果臝、驩兜、复陶均为举例性质。这些联绵词均不构成双声关系，如果我们知道它们是由复声母演变而来，就会明白，它们之所以联绵在一起，是因为在远古时代有着非常密切的关系。

二、合二为一。二合辅音在一定的条件下演变为一个新的单体辅音。如上古的照三系本书拟为 ȶ、ȶʻ、ȡ、ɕ、ʑ、ȵ，但根据谐声和其他一些资料，跟舌根音谐声的照三在远古时期应为复辅音声母。李方桂的构拟是：

krj-，khrj-，grj-，hrj-，ngrj-

(1980：91)

其中的 grj-包括跟舌根音谐声的喻、禅以及床三。关于构拟的细节在此不能详加讨论，我只不过要把这套复辅音由上古推到远古。也就是说，在远古照三是复辅音，而且是以舌根音为

① 本书关于复辅音构拟均属假设性，音标的左上角本应标出 * 号，为减少排印上的麻烦，* 号一律省去。

主体的复辅音。这些舌根音经过舌面化的演变过程，变为上古的 ȶ，ȶʻ，ȡ，ʑ，ȵ。这是就主流而言，在当时那么复杂的方言中，krj-的演变不可能只有一种途径。

三、一存一亡。这是二合结构复辅音变为单体辅音的重要方式。表现为两个辅音在某一方言中有一个脱落，有一个保存；或前者脱落，或后者脱落。所谓存亡是相对的。如：

kl-　卵（卢管切）lwan
　　　（读如管）kwan
　　绾（力迍切）ljwən
　　　（古顽切）kɪwən
　　角（卢谷切）lwɔk
　　　（古岳切）kɪɔk
gl-　镠（渠幽切）gjɤ
　　　（力幽切）ljɤ
ml-　卯（莫饱切）mɪɤ
　　　（古同丣）ljɤ
sm-　糸（莫狄切）miæk
　　　（新兹切）sjə
sɣ-　亘（须缘切）sjwan
　　　（胡官切）ɣwan

从古汉语和现代汉语来看，kl-式复辅音脱落的大都是 l，某些方言中的个别词则脱落的是 k，留下来的是 l。如"裹"字的声母从上古至今均为 k-，而笔者的方言中却读 lo（湖南安仁方言），潮州方言有两读：ko，lo（《汉语方音字汇》40 页）。文献资料也有例子，《周礼·春官·龟人》："东龟曰果属。"注："杜子春读果为蠃。"《释文·周礼音义》:"果,鲁火反。"如果不承认远古有 kl-式的复声母,这种现象就不能得到圆满的解释。

研究复辅音的直接目的当然是为了弄清汉语语音史的真实面貌,弄清远古汉语和汉藏语系其他语种的关系,但复辅音问题与词汇学、训诂学、文字学以及古汉语语法都有很密切的关系。梅祖麟曾谈到:"高名凯(1957:294—296)看到'之'和'其'上古都用作规定词,曾疑心这两个字同出一源,但因不能解决照三系声母读舌根音的历史音韵问题,没有继续研讨。"(1983)这个例子足以说明某些历史语法问题需要从复辅音中找答案。喻世长在讨论以 z 起头的复辅音时说:"我们可以提出这样一个假设:复辅音第一成分 z,在某些词里,可能是一个语法前加成分,表示以 z 起头的字是和名词相对待的动词。"(1984)这样的假设是值得我们重视的。严学窘对探讨复辅音的意义也有过深刻的论述。他说:"须知有了复辅音声母的构拟,不仅可以解释谐声系统的种种异常谐声现象,还可以说明古汉语中的音变,特别是许多稀奇古怪的又音以及形体、训诂等的许多疑难问题,而且便于寻找汉藏语系的同源词,组成对应关系,建立原始型。"(1984)下面我就列举一些与复辅音有关的词汇、训诂等问题加以论证,希望能引起读者的兴趣。

一、复辅音与联绵词

仅举三组例子为证:

積椒　迟曲　郤曲

《说文》:"積,積椒。"段注:"按積椒字或作枳椇,或作枳句，或作枝拘。其入声则为迟曲，積椒与迟曲皆双声字也。”（275 页）又“穦”字下注：“積椒谓之双声。”（275 页）《说文》：“迟，曲行也。”段注：“迟曲双声。迟通作枳。《明堂位》注：‘枳椇，谓曲桡之。’《庄子》：‘吾行郤曲。’郤曲即迟曲，异部假借也。”（73 页）段玉裁认为“積椒”、“枝拘”均双声字，又说“迟通作枳”，话虽不错，却未提供任何音理上的根据。齐佩瑢和蒋礼鸿用“音转”或“音近”来加以解释。齐说：“诘诎……转为郤曲（《庄子》），迟曲（《广雅》）；曲木曰枳枸（《毛传》），枝拘（《淮南》），枳椇（《礼记》），積椒，穦椒（《说文》）。”（《训诂学概论》29 页）蒋说：“稽句即積椒。稽与積音近。……支苟即積椒。”（《义府续貂》49 页）

積（职雉切）、枳（诸氏切）、枝支（章移切）均属章母字，它们怎么能与舌根音椒椇（俱雨切，读如苟）、迟郤（绮戟切）等构成双声关系呢？按照李方桂的构拟，支枝積枳的声母是 krj-，我个人设想，在積椇、枝拘、支苟这种联绵词中，積枝支已不是复声母，也没有按通常的演变规律变成为 ȶ，而是后置辅音（或称为介音）r 脱落，变为 kj-这种形式。今厦门话“支枝”的白读为 ki，潮州话枝读 ki，建瓯话枝的白读也是 ki（均见《汉语方音字汇》）。可见，段玉裁判断“積椒”为双声是完全正确的，只不过要从音理上找出根据，才可明其所以然。至于“音转”、“音近”这些笼统的提法，只给人以雾中观花、隔靴搔痒之感。

侏愚　梼杌　倜傺　拘愚

蒋礼鸿说：“梼杌者，侏愚之转。”侏愚又作“诛愚”（《商君书》），又作“朱愚”（《庄子》），又作“倜傺”（《集韵》）。蒋先生说：“梼、锎与朱、侏、诛，杌与愚，古皆为双声，故株愚转为梼杌。……倜傺亦即侏愚、梼杌。”(《义府续貂》8页)蒋先生指出梼、锎(倜)、朱为双声关系，这是很正确的，但更为重要的一点蒋先生未涉及，梼与杌是否为双声呢？朱与愚是否为双声呢？这些不同写法的联绵字(上下二字之间)在声母方面是否毫无关系呢？

要解决这个问题还得从复声母说起。朱侏(章俱切)为章母字，诛(陟输切)为知母字，梼有直由切(澄母)和徒刀切(定母)二音，倜(他历切)为透母字，锎(徒刀切)为定母字。愚、杌、傺均疑母字。这里牵涉到照$_{三}$与端系(知澄上古归端定)、与舌根音的关系问题。当我们把这些关系揭示清楚之后，就可以发现：这些不同写法的联绵字反映了不同历史时期的语音变化。同一联绵词尽管意义未变，而语音变了，作为语音载体的用字也随之而变。联绵词的不同写法往往隐藏着音变的秘密，破译这些秘密，有助于了解古声母演变的历史。拿“侏愚”和“梼杌”来说，就反映了两个不同历史时期的音变，虽然它们共存于先秦时代，但历史发展有先后之别。“侏愚”产生于上古前期或者更早，侏和愚为旁纽关系。侏在远古时代为复声母字，它的声母为krj-，当它和“愚”构成联绵关系时，r介音已脱落，所以，“侏愚”的读音形式是：kjwɔŋjwɔ。这里，我还补充一条蒋先生没有谈到的材料。《楚辞·九叹·忧苦》：“偓促谈于廊庙兮。”王逸注：“偓促，拘愚之貌。”拘愚即侏愚，拘侏同为舌根音，故得通假，这也是“侏愚”为旁纽关系的一个证据。

梅祖麟在讨论“之”“其”“底”的关系时，曾经谈到：

“之”字上古早期的声母是krjəg，上古晚期变成

tjəg，理由之一是非如此设想不能解释“底”的来源。(1983，《中国语言学报》)

梅先生这个“设想”很值得重视。尽管音变的历史时代还可以斟酌，但 krjəg 变 tjəg 的历程、轨迹，应该符合事实。这个“设想”也有助于我们认识照$_{三}$和端组的关系问题。照$_{三}$有一部分字的读音与端组相近，以至有人主张章组归端，这种归并法未免太简单，不可取。

现在我们拿梅先生的设想来说明“朱”的音变，同样是可行的。

krjwɔ＞kjwɔ＞tjwɔ

这三个音代表“朱”字在远古、上古早期、上古晚期的读音，由舌根音变为颚化的舌尖前塞音。这也有文献材料为证，如“讙兜”又作“讙朱”。现代汉语的“蔸”就是古代的“株”。厦门话读“株”为 tu（白读）。可以设想，上古的“侏愚”既可读为 kjwɔ ŋjwɔ，又可读为 tjwɔ ŋjwɔ。从共时系统来说，这是方言之别。侏愚既可读为 tjwɔ ŋjwɔ，于是就可写作梼杌、倜傈。就构拟细节而言，如果不用 tj-这个拟音，也可用本书构拟的章母读音，写作 ȶj-，同样可与倜（th-）、梼（d-）构成通假关系。

娄务　榖瞀　怐愗

《说文》：“娄，一曰娄务，愚也。”段注：“务读如瞀。娄务即子部之榖瞀。”（624 页）桂复《义证》：“按《玉篇》：‘怐愗，愚貌。’《楚辞·九辩》：‘直怐愗以自苦。’怐愗即娄务。”（1092 页）又作沟瞀、谷瞀。

这里要解释的是娄（落侯切）与榖怐（古侯切）、沟（古侯切）的关系。

在复辅音时代，怐娄同音，其形式为：klɔ。后来在有的方言中，前辅音 k 脱落，成为 lɔ(娄)；有的方言中后辅音 ɪ 脱落，成为 kɔ(沟、怐)，于是有娄务、怐愗之别。

二、复辅音与同源词

王力先生说："同源字还有一个最重要的条件，就是读音相同或相近，而且必须以先秦古音为依据。"(《同源字典》12页)这个论断无疑是正确的。问题在于王先生不赞同先秦有复辅音，这样一来，他观察同源词的时候，视野就会受到限制，把一些本来存在同源关系的词排除在同源词之外。如：

𩫏(郭)、墉、城

《说文》："墉，城垣也。从土庸声。𩫏，古文墉。"段注："此云古文墉者，盖古读如庸，秦以后读如郭。"(688页)段玉裁由于不了解墉与𩫏的语音关系，这条注就很不得要领。商承祚《说文中之古文考》仅指出："庸墉古今字。𩫏在篆为郭，在古为墉。……庸之古文本作𩫏。"庸与𩫏的语源关系，一字也未提及。沈兼士以此为义通换用之例。(1986：251页)

《说文》："城，以盛民也。从土成，成亦声。𩫨，籀文城，从𩫏。"籀文城字从𩫏，𩫏墉又原本同是一个词，三字同源不成问题。但按王先生构拟的先秦音系，𩫏(见，k)、墉(喻四，ʎ)、城(禅，ʑ)三字难以构成同源关系，读音相差很远。而采用李方桂的构拟，这个问题就解决了。上文已经介绍，李方桂构拟的grj-，包括喻四和禅母，那么墉与城的声母相同，都是舌根音，与𩫏同类。这样，我们就可以沟通三字在语音上的同源关系了。

頯、肫、頔

《说文》："頯，权也。"段注："权者今之颧字。"(416 页)

《说文》："肫，面頯也。"段注："肫，《史》《汉》作準，高祖'隆準'①。服虔曰：準音拙。……按準者假借字，肫其正字。其入声则音拙，《广雅》作頔，是也。"(167 页)

《广雅·释亲》："颧、頄，頔也。"王念孙《疏证》："颧頄为颊頔之頔。《急就篇》颜师古注云：頔，两颊之权也。"(203 页)

頯、肫、頔同义，都是颧骨的意思。但它们是否同源呢？

頯：渠追切；肫：章伦切；頔：古忽切，又朱劣切。頯、頔都是舌根音，如果知道肫的声母原本为 krj-，也是舌根音，就可以确认三字为同源关系。頔字的两个读音更富有启发性。古忽切与渠追切为旁纽，章伦切与朱劣切为双声，而古忽切与朱劣切又同出一源。

三、复辅音与异文

古书中有的异文似乎语音关系很疏远，难以贯通，其中往往就有复声母的问题。如：

提弥明　示眯明　祁弥明

《左传》宣公二年的提弥明，《史记·晋世家》作示眯明，《公羊传》作祁弥明。提（杜奚切）、示（神至切）、祁（渠脂切）的发音部位差别较大。示字在《类篇》中有翘夷切②，与祁为双声，但作为姓氏的示，《类篇》音市之切。在李方桂的构拟系统中，不论神至切还是市之切，声母都是 grj-，读为舌根音，与祁同类。这同一名字的三种不同写法，当以《晋世家》的示眯明

① 準的释义有分歧。

② 《广韵》与"衹"同音，巨支切。

为正。《左传》成书虽然早于《晋世家》，但《晋世家》有可能是根据晋国史料写成，示眯明本晋国人，晋史对他的名字不会写成别字。《左传》是“传”鲁之《春秋》的，将示眯明误写作提弥明，可能鲁之方言“提”“示”音近。《史记》索隐“提音市移切”（1674 页），《类篇》提字音常支切，又市之切，证之以谐声（提，从手是声。“是”亦禅母字），我们可以肯定，提字在远古的声母与“示”同，也是 grj-。提是支部字，示、祁是脂部字。现在将三字在春秋时的读音构拟如下：

示：gjæi　　祁：gjæi　　提：gjæ（示祁声母已由远古的 grj->gj-。r 已脱落。）

从颂　从容

《战国策·赵策三》：“世以鲍焦无从容而死者，皆非也。”《史记·鲁仲连世家》作“从颂”。《索隐》：“从颂者，从容也。”《汉书·儒林传》：“汉兴，鲁高堂生传士礼十七篇，而鲁徐生善为颂。”师古曰：“颂读与容同。”《说文》：“颂，皃也。从页公声。額，籀文。”颂字有两读：余封切，又似用切。容亦余封切。颂以舌根音“公”为声符，原来也是复声母，其形式为 grj-，后来分化为邪母和喻四两读。喻四一读，与“容”同音，在上古为 gj-。

立　位

《周礼·春官·小宗伯》：“掌建国之神位。”郑注：“故书位作立。郑司农云：立读为位。古者立位同字。古文《春秋经》公即位为公即立。”位（于愧切）、立（力入切）古为复声母 ɣl-。上古有的方言脱落 l-，读 ɣ-，有的方言脱落 ɣ-，读 l-，随着意义的专指分为“位”“立”二形。

四、复辅音与又音

又音情况很复杂，其中有一定数量的异读字反映了复辅音的历史演变。

羹：古行切，又卢当切。kl-

镠：渠幽切，又力幽切。gl-

豉：章移切，又居企切。krj-

臭：尺救切，又许救切。khrj-

仇：市流切，又巨鸠切。grj-

匋：读与缶同，又徒刀切。pd-

（杨树达曾证明金文之䨏叔即经传之鲍叔）

五、复辅音与读若

自读若鼻。bdz-。①

潒读若荡。zd-。

（潒有似两、待朗二切。见《类篇》）

棆读若屯。tl-。

（棆有株伦、龙春二切。见《类篇》）

嗀读若莩。khph-。

啻读若鞮。stj-。

丙读若导，读若沾，一曰读若誓。zdj-或 zthj-。

（读若材料均引自《说文》。构拟参阅喻世长，1984）

六、复辅音与声训

《毛》传："昴，留也。"ml-。

---

① 李方桂："鼻字原与自字通，是否自字是 *sbjidh>dzji?"（91 页）

《说文》："考，老也。"khl-。

《说文》："戌，威也。"sm-。

《说文》："及，逮也。"gd-。

七、复辅音与假借字

先秦两汉文献中有大量假借字。多数假借字的语音关系是可以说清的；有些假借字的语音关系还不能充分而又圆满地加以解释；有少数假借字还没有被发现。后两种情况的存在，在很大程度上是因为没有运用复辅音的知识来研究假借，或者说是由于复辅音问题未能彻底解决，有些假借字的谜底我们还无法猜得出来。请看下列例子。

裹：古火切

赢嬴攍：以成切

如果只用单体辅音来观察，这两个反切的声母无论如何也不能构成通假关系。但用复辅音来观察，我们可以证明裹赢双声。

裹原本为复声母 kl-，经演变前后辅音各自独立为 k-、l-。赢，《说文》"从贝嬴(郎果切)声。"可证古书中常见的"赢粮"实际上就是"裹粮"。

《诗·大雅·公刘》："迺裹餱粮。"《文子·上德》："无裹粮之资而饥。"《列子·说符》："裹粮就学者成徒。"《庄子·胠箧》："赢粮而趋之。"《释文》："赢，裹也。"《战国策·楚策一》："于是赢粮潜行。"《荀子·议兵》："赢三日之粮。"赢粮也写作"嬴粮"(《六臣注文选·过秦论》)。李方桂说："大体上看来，我暂认喻母四等是上古时代的舌尖前音，因为他常跟舌尖前塞音互谐。如果我们看这类字很古的借字或译音，也许可以得到一点线索。古代台语 Tai Language(Li,1945,340 页)用 *r-来代替酉jiəu字的声母，汉代用乌弋山离去译 Alexandria 就是说用弋 jiək 去译第二音节 lek，因此可以推测喻四等很近 r 或者 l。”(1980:13 页)羸的声符本来就是来母的羸(lwai)，与裹(lwai)同音，我们说羸借为裹，理由是充分的。

攍(㔉)是羸的后起字。羸由于长期借作裹，于是人们误以为羸字原本就具有裹缠、担负义，为了与羸的其他意义相别，又加上意符手，造出了一个攍字。《方言》七："攍(本亦作㔉、羸)、膂、贺、儋也。齐楚陈宋之间曰攍，燕之外郊、越之垂瓯、吴之外鄙谓之膂。”贺是何(荷)的假借字，膂和攍一样都是裹的假借字。郭璞注："担者用膂力，因名云。”这是望文生训。

羸的声母在先秦时代一定还有舌根音一读。理由是：裹虽可读 l-，但当以读 k-为主，羸既然常借作裹，有的方言就可能将羸读作 k-；另外，上古喻四等字也有跟舌根音发生关系的，李方桂的构拟是：grj-，r 与 l 相近，g 与 k 相近，大概羸与裹一样，既有 l-声母，又有 g-声母；还有一个证据，《类篇》羸夃为一字。《说文》："夃，秦人市买多得为夃。古乎切。”《类篇》将夃作为羸的异体字，说明羸当有舌根音一读。

羸是裹的假借字，古人已经不晓，误以为二者是同义词。于是《史记·孙子吴起列传》中就有这样的句子："亲裹羸粮，与士卒分劳苦。”训诂学家对借作裹的羸，在释义上似乎也有分歧。《经典释文·庄子音义》以及《淮南子·修务》注均释羸为“裹也”，《方言》七释为“儋(担)也”，《荀子》杨倞注释为“负担”。古人外出旅行，往往自备干粮，要将干粮包裹好并背着或担着行走，故裹、负、担义实相因，不存在实质性的区别。新《辞海》将这一意义的赢字解为“装足”。（863 页）这就完全错了。

纯：徒浑切，又朱闰切

稛：苦本切

纯是个多音字，《类篇》收的反切有十个之多。在稛束这个意义上，《类篇》就有徒浑、杜本、朱闰三切。《说文》：“纯，丝也。常伦切。”段注：“此纯之本义也。……《诗》之‘纯束’读如屯，《国语》之‘稛’，《左传》之‘麇’，皆其字也。”（643 页）所谓《诗》之“纯束”，指《召南》的“白茅纯束”。《国语》之“稛”，指《齐语》的“稛载而归”。《左传》之“麇”，指哀公二年的“（赵）罗无勇，麇之”。十三经注疏本作“麕”，《广韵》十八吻引《左传》作“麇”，邱粉切。麕、麇都是稛的异体字。《说文·禾部》：“稛，豢束也。”段注指出“纯束”之“纯”即“稛”与“麇”，可谓非常精辟。他的本意就是“纯”假借为“稛”。不过，段玉裁没有揭示语音上的根据。纯稛均文部字，而声母相差较远，为什么说“皆其字也”？

这里又涉及照$_{三}$与舌根音和舌尖音的关系问题。就是说“纯束”的“纯”原本不是徒浑切，应读舌根音，是复声母。《类篇》的朱闰切值得注意。由朱闰切推知其复声母为 krj-，由 krj-再变为 kj-，再变为 dj-（徒浑切）。《诗经》时代纯读 kjwən，稛读 khwən。这就是纯假借为稛的原因。《经典释文·诗经音义》音“纯”为徒本反，徒尊反，这已是汉魏时代的注音，kj-已变为 dj-。

尻：苦刀切　　　　　窍：苦吊切

州：职流切　　　　　　醜：昌九切

涿：竹角切　　　　　　豚：丁木切

这三组字都是肛门的古称，其间的假借关系古人已经谈到，而音理上的根据还须论证。

《说文》："尻，脾也。"段注："尻今俗云沟子是也，脾今俗云屁股是也。析言是二，统言是一。"（400页）

《说文》："窍，空也。"（344页）窍的本义是空（孔），引申为肛门，与尻同义。州、醜、涿都是尻的假借字，豚是后起字。

《尔雅·释畜》："白州，驠。"郭注："州，竅。"《山海经·北山经》："伦山有兽焉，其州在尾上。"《说文》："驠，马白州也。"朱骏声注："州者尻之借字。或曰，涿字之转注，亦通，俗作豚。"《礼记·内则》："鳖去醜。"郑注："醜谓鳖窍也。"《广雅·释亲》王念孙《疏证》："臗、尻、州、豚、臀，五者异名而同实。……醜与州声近而义同，豚与州声亦相近。"（205页）

州与醜借为尻，还是因为照$_{三}$古读同舌根音。州的复声母是krj-，醜的复声母是khrj-。至于涿借作尻，时代较晚些，说明krj-已演变为tj-。这种演变在上古已经完成。《国语·楚语下》有个"豵"字，星宿名，意为龙尾，《广韵》音都豆切，字亦作䝴。《玉篇》有"豚"字，释为"尻也"，《广韵》释为"尾下窍也"。其俗体作"启"，都谷切。豵的本义为龙尾，引申为动物的尾下窍，豚、䝴、启都是它的变体，涿（属端母）是豚的假借。请看下面这个故事：

> 先主与刘璋会涪时，（张）裕为璋从事，侍坐。其人饶须，先主嘲之曰："昔吾居涿县，特多毛姓，东西南北皆诸毛也，涿令称曰'诸毛绕涿居乎'！"裕即答曰："昔有作上

党潞长迁为涿令者，去官还家。时人与书，欲署潞则失涿，欲署涿则失潞，乃署曰‘潞涿君’。”先主无须，故裕以此及之。（《三国志·蜀书》1021页）

在这个故事中，借涿为豚，借潞为露。“诸毛绕涿”意为屁股眼周围都是毛，“潞涿”意为光着屁股眼。彼此都以对方的嘴巴为戏谑，而以仁德著称的刘备竟然怀恨在心，终于找碴儿把张裕给杀了。

重建复辅音的意义我就说到这里。复辅音的研究只几十年的历史，还存在一些重大问题有待于进一步解决。如：

一、复辅音产生和消失的确切时代；

二、究竟有多少复辅音，除二合复辅音之外是否还有三合、四合复辅音；

三、各家对复辅音的构拟，从原则到细节都不统一，缺乏完善的条例、规则、理论体系。

这些问题恐怕要经过几代人的努力才能彻底解决。上古韵部的研究经历了几百年的时间，才达到“几如日丽中天”（江有诰语）、“前无古人，后无来者”（王国维语）的境界。声母问题，尤其是复辅音问题，情形要复杂得多，我们应当坚持“百花齐放”、“百家争鸣”的原则，鼓励各种探索，使这方面的研究不断深入，不断前进。

在这本小册子已经定版之后，我又补上了这样一条又长又粗的尾巴作为“二校后记”，势必给排印工作增添不少麻烦，请允许我向排印这部书稿的师傅们表示深切的谢意。

作　者

1990.4.22.

参 考 文 献

董同龢:上古音韵表稿

李方桂:上古音研究

高本汉:中上古汉语音韵纲要

王　力:汉语语音史

张世禄、杨剑桥:论上古带[γ]复辅音声母

孙宏开:藏缅语若干音变探源

唐作藩:上古音手册

严学宭:周秦古音结构体系(稿)

喻世长:用谐声关系拟测上古声母系统

林语堂:语言学论丛

尚玉河:"风曰孛缆"和上古汉语复辅音声母的存在

刘又辛:古汉语复辅音说质疑

梅祖麟:跟见系谐声的照$_{三}$系字

何九盈、陈复华:古韵通晓